✈ 기획 · tvN 〈벌거벗은 세계사〉 제작진

자유롭게 누군가를 만나고 여행하는 것이 점차 어려워질 무렵, 집에서 안전하게 세계 여행을 즐길 수 있는 프로그램을 만들었습니다. 여행지에 숨겨진 세계사까지 배울 수 있다면 더 좋겠다는 마음을 담아 만든 것이 〈벌거벗은 세계사〉입니다.

✈ 글 · 김우람

어린이책 기자 및 편집자로 일했습니다. 쓰고 만든 책으로는 〈꾸러기 논술〉〈우등생 키즈〉《닮고 싶은 창의융합 인재 2》들이 있습니다. 현재 월간 〈우등생 과학〉에서 객원기자 활동을 하고 있으며 초등 교과와 연계한 학습 콘텐츠 및 어린이책을 쓰고 있습니다. 세상의 다양한 생각과 관점이 모여 종이 위에서 또렷한 상을 맺는 어린이책을 만들고자 노력하고 있습니다. 어린이가 존중받는 세상이 되길 꿈꿉니다.

✈ 그림 · 최호정

어린 시절부터 그림 그리기를 좋아했으며, 대학에서 디자인을 공부했습니다. 어린이책에 그림을 그릴 때가 가장 행복합니다. 그린 책으로는 《그림으로 보는 삼국유사 3》《전설의 탐정, 전설희》《자두의 비밀 일기장》《안녕 자두야 과학 일기 14》《안녕 자두야 과학 일기 15》들이 있습니다.

✈ 감수 · 류한수

서울대학교 서양사학과를 졸업하고, 같은 대학교 대학원에서 석사 학위를 받은 뒤 영국 에식스대학교 역사학과에서 박사 학위를 받았습니다. 지금은 상명대학교 역사콘텐츠학과 교수로 일하며, 유럽 현대사, 특히 러시아 혁명과 제2차 세계 대전에 관심을 기울이며 연구하고 있습니다. 공저로는 《서양사강좌》《다시 돌아보는 러시아 혁명 100년》들이 있으며, 옮긴 책으로는 《스탈린과 히틀러의 전쟁》《2차세계대전사》《제2차 세계대전의 신화와 진실》들이 있습니다. 많은 이들에게 흥미로운 역사를 제대로 알리고자 tvN 〈벌거벗은 세계사〉 KBS 〈역사저널 그날〉 등의 방송 프로그램에 출연했습니다.

✈ 감수 · 서민교

고려대학교 사학과를 졸업해 같은 대학교 대학원 동양사학과에서 석사 과정 수료, 일본 히토츠바시대학교 대학원에서 석·박사 과정을 수료했습니다. 지금은 동국대학교 대외교류연구원 책임연구원으로 일하며 고려대학교, 한경국립대학교에서 학생들을 가르치고 있습니다. 근대 일본의 군대와 식민지에 관심을 기울여 연구하고 있습니다. 공저로는 《일본근세근현대사》《용과 사무라이의 결투》《동아시아의 오늘과 내일》들이 있으며, tvN 〈벌거벗은 세계사〉 KBS 〈역사 스페셜〉 등의 방송 프로그램에 출연해 역사를 알리는 일에 동참하고 있습니다.

초등학생이 꼭 알아야 할 필수 세계사

벌거벗은 세계사

8 지구를 뒤흔든 세계 대전과 냉전

기획 tvN 〈벌거벗은 세계사〉 제작진
글 김우람 그림 최호정 감수 류한수·서민교

아울북

몇 년 전까지만 해도 사람들은 원할 때면 언제든지 세계 어딘가로 여행을 떠날 수 있었어요. 하지만 어느 날 갑자기 우리 삶에 들이닥친 코로나19로 인해 예전처럼 자유롭게 누군가를 만나고 여행하는 것이 점차 어려워졌어요.

그때 만들게 된 프로그램이 〈벌거벗은 세계사〉예요. '어떻게 하면 집에서 안전하게 세계 여행을 즐길 수 있을까?' 하는 고민에서 프로그램이 탄생하게 되었지요. 그리고 나아가서 여행지에 숨겨진 세계사까지 배울 수 있다면 더 좋겠다는 마음을 담았어요.

〈벌거벗은 세계사〉는 히스토리 에어라인을 타고 세계 곳곳을 온택트로 여행하며 우리가 몰랐던 세계의 역사를 다양한 관점으로 파헤쳐요. 지난 과거를 이렇게 파헤쳐야 하는 이유가 무엇일까요? 역사는 단순히 지나간 기록이 아니라 아직도 우리 곁에 머물러 있기 때문이에요. 세계가 어떻게 시작되었고, 다양한 문화적, 정치적 전통은 어떻게 형성되었으며 또 어떻게 상호작용하였는가를 알면 세상을 폭넓게 바라볼 수 있어요. 역사는 우리가 사는 세상을 제대로 이해하고 더 나은 방향으로 나아가게 하는 힘이 되어 주지요.

세계사를 알면 한국사 또한 더 재미있어져요. 우리나라의 역사도 세계사의 거대한 흐름과 맞물려 있기 때문이에요. 우리가 굴욕적으로 알고 있는 강화도 조약, 을미사변을 우리 역사 안에서만 보면 사건의 실상을 다 알 수 없어요. 당시 청과 일본, 러시아와의 관계, 각국의 경제 상황까지 함께 들여다보아야 사건의 원인과 결과를 자세하게 알 수 있어요. 이렇게 했을 때 과거의 일을 반면교사 삼아 같은 실수를 반복하지 않을 수 있어요.

이 책은 프로그램에서 방영되었던 방대한 역사적 사건들 중 초등학생이 꼭 알아야 할 필수적인 이야기를 엄선했어요. 이 책을 통해 어린이 독자 여러분들은 온택트 세계 여행을 하며 한 꺼풀 더 벗겨 낸 세계사의 진짜 모습을 볼 수 있을 거예요. 세계사를 처음 접하는 어린이 독자 여러분에게 이 책이 좋은 길잡이가 되길 바랍니다.

 제작진

등장인물

온평화

세계대학교 역사콘텐츠학과 교수님

- 역사 속 숨은 1퍼센트까지 이야기하는 유쾌한 역사학자
- 세계 대전 및 냉전 전문가지만 그 누구보다 전쟁을 반대하는 평화주의자

공차연

얌전하고 새침해 보이지만 운동장에 나가면 누구도 따라올 수 없는 슛돌이 공격수. 반전 매력 폭발!

강하군

세계사를 배경으로 한 게임에 푹 빠진 겜돌이. 엉뚱한 상상력으로 퀴즈 정답을 맞히는 은근 최상위권!

왕봉구

모든 걸 음식과 연결해 생각하는 먹방 유튜버. 세계 최고 요리사, '왕 셰프'를 꿈꾸지만 지금은 이름 때문에 '왕방구'가 별명!

다니엘

세계사를 줄줄 꿰고 있는 박학다식한 독일 소년. 웃음도 많고 농담하는 걸 좋아하지만 '노잼'인 건 비밀!

차례

등장인물 소개 • 6
프롤로그 • 10

1부 제1차 세계 대전

- **1장** 제1차 세계 대전의 시작과 전개 • 20
- **2장** 제1차 세계 대전의 종전과 참상 • 38

2부 제2차 세계 대전과 냉전

- **1장** 제2차 세계 대전의 발발 • 56
- **2장** 제2차 세계 대전의 또 다른 전선 • 72
- **3장** 냉전의 시작 • 86
- **4장** 제3차 세계 대전의 위기 • 100

에필로그 • 116

tvN
〈벌거벗은 세계사〉
방송 시청하기

 ➔ 22화
 ➔ 5화
 ➔ 19화

✈ **역사 정보**

❶ 시대 배경 살펴보기 • **120**

❷ 다른 눈으로 시대 보기 • **122**

❸ 또 다른 역사 인물들 • **124**

❹ 오늘날의 역사 • **126**

• 주제 마인드맵 • **128**

✈ **벌거벗은 세계사 퀴즈**

• 제1차 세계 대전 편 • **130**

• 제2차 세계 대전과 냉전 편 • **132**

• 정답 • **134**

사진 출처 • **135**

"교수님, 우리 이거 먹는 거예요?"

왕봉구가 눈을 동그랗게 뜨며 교수님께 물었어요.

"하하하. 그렇습니다. 하지만 그냥 먹을 수는 없고 퀴즈를 맞혀야 먹을 수 있습니다."

교수님의 말씀이 끝나자마자 강하군이 이렇게 말했어요.

"훗, 오랜만에 승부욕이 타오르는걸? 이참에 히스토리 에어라인 공식 퀴즈 왕의 자리를 차지하겠어!"

"교수님, 퀴즈 말고 햄버거 빨리 먹기, 탄산음료 입 안 떼고 마시기 같은 걸로 승부하면 안 되나요?"

왕봉구가 투덜거리자 교수님이 이렇게 덧붙였어요.

"걱정하지 마세요. 퀴즈를 내면서 힌트를 줄게요. 그나저나 제 소개가 늦었군요. 저는 세계대학교 역사콘텐츠학과 온평화 교수입니다. 주로 전쟁사를 콘텐츠화하는 연구를 하고 있지요."

"역시 내 촉이 맞았어! 난 이번 여행 주제가 전쟁일 줄 알았어."

강하군이 자신만만하게 말했어요.

"교수님, 전쟁이라면 그동안 꽤 많이 배웠는데, 이번엔 또 어떤 나라들이 싸운 전쟁이에요?"

공차연이 교수님께 질문했는데, 이번 세계사 여행에 처음 초대된 남자아이가 불쑥 끼어들었어요.

"이번 전쟁은 이전 전쟁과는 차원이 다를 거야. 아차, 내 소개부터 해야지. 안녕? 나는 독일에서 온 다니엘이라고 해."

"반가워, 다니엘. 그런데 이번 세계사 여행에서 다룰 전쟁들이 차원이 다를 거라는 건 무슨 뜻이야?"

공차연이 묻자 다니엘이 히스토리 에어라인을 쭉 둘러보고는 말했어요.

"여기 사진이랑 전투 식량……. 다 세계 대전과 관련이 있거든. 교수님, 맞죠?"

"맞아요! 이번 세계사 여행에서 다룰 전쟁은 **세계 대전**이에요. 몇몇 나라들끼리 싸웠던 이전의 전쟁과 달리 세계 대전은 전 세계 대부분의 강대국이 엉켜 싸웠던 엄청나게 큰 전쟁이었어요. 그만큼 피해 규모나 영향 측면에서 차원이 달랐죠."

교수님의 말씀이 끝나자 왕봉구가 스마트폰 카메라를 불쑥 다니엘에게 들이밀었어요.

"히스토리 에어라인에 오자마자 주제를 알아맞힌 다니엘! 여러분, 퀴즈 대전의 강력한 우승 후보가 나타났습니다! 잠깐 인터뷰를 해 볼까요?"

다니엘은 잠시 당황하는 듯하

더니 이내 목을 가다듬었어요.

"흠흠, 당연히 퀴즈 대전의 우승자는 나일 거야. 독! 독하게, 일! 일등하는, 독일 소년 다니엘. 퀴즈도, 농담도 일등이지!"

다니엘이 농담으로 말을 끝맺었는데, 주위는 조용했어요.

"어, 웃기지 않았어?"

다니엘이 멋쩍게 웃었어요. 그러자 왕봉구가 분위기를 바꾸려 재빨리 카메라를 공차연 쪽으로 돌렸어요.

"여기는 공차연. 축구를 할 때처럼 강력한 한 방을 날릴지 기대되는 후보입니다! 여러분, 이번 세계사 여행 동안 펼쳐질 다니엘과 공차연의 퀴즈 대전을 기대해 주세요!"

그때 왕봉구의 카메라 앵글 안으로 강하군이 쏙 들어왔어요.

"왕방구, 나를 빼면 안 되지! 내가 그동안 퀴즈를 얼마나 많이 맞혔는데!"

왕봉구는 아직도 자신을 별명으로 부르는 강하군이 얄미워 한번 째려보고는 이렇게 말했어요.

"네, 네. 강하군도 우승 후보라고 해 두죠. 교수님, 이번 세계사 여행은 어디로 떠나요?"

"이번 세계사 여행에서 우리는 **제1, 2차 세계 대전**의 주요 전쟁터와 **냉전**과 관련된 곳을 차례로 둘러볼 예정이에요. 먼저 제1차 세계 대전의 시작을 알린 **보스니아 헤르체고비나**로 갈 거예요. 전 세계가 전쟁터였던 만큼 갈 곳이 많답니다. 그러니 서둘러 볼까요?"

온평화 교수님이 속사포처럼 얘기를 마치자 히스토리 에어라인에서 기내 방송이 나오기 시작했어요. 과연 이번 세계사 여행의 퀴즈 대전 우승자는 누가 될까요?

HISTORY AIRLINE

1부 제1차 세계 대전

FROM S.KOREA TO BOSNIA AND HERZEGOVINA

Boarding Pass

❶ 제1차 세계 대전의 시작과 전개
❷ 제1차 세계 대전의 종전과 참상

보스니아 헤르체고비나

국가명	보스니아 헤르체고비나
수도	사라예보
민족	보스니아인(48%), 세르비아인(37.1%), 크로아티아인(14.3%), 기타(0.6%)
먹을거리	체바피, 뵈렉, 돌마, 아이바르
종교	이슬람교(40%), 그리스도교 정교(31%), 가톨릭교(15%), 기타(14%)
언어	보스니아어, 세르비아어, 크로아티아어

세계사
- 사라예보 사건, 제1차 세계 대전 발발 1914년
- 루시타니아호 사건 1915년
- 베르됭 전투, 솜 전투 1916년

한국사
- 1910년 한일 강제 병합
- 1914년 대한 광복군 정부 수립

제1차 세계 대전의 시작과 전개

드디어 이번 여행의 첫 번째 목적지 보스니아 헤르체고비나에 도착했습니다. 나라 이름이 무척 길죠? 보스니아 헤르체고비나는 보스니아와 헤르체고비나가 합쳐진 연방제 나라예요. 보스니아인, 세르비아인, 크로아티아인, 세 민족이 고유 언어를 쓰며 함께 살고 있죠.

보스니아 헤르체고비나는 동남 유럽의 중심부이자 나라의 지형이 심장을 닮아 '유럽의 하트'라고도 불려요. 지금 우리가 도착한 곳은 이 나라의 수도 사라예보입니다. 빨간 지붕의 나지막한 건물들 사이로 밀랴츠카강이 흐르는 아름다운 도시죠.

이곳 사라예보에서 20세기 세계사의 판도를 바꾼 충격적인

사건이자 제1차 세계 대전의 도화선이 된 사건이 일어났답니다. '사라예보의 총성'이라고도 하는 오스트리아·헝가리 제국의 대공 부부 저격 사건이에요. 이 사건 이후, 약 2천만 명의 사망자가 발생한 참혹한 전쟁, 제1차 세계 대전이 시작되었어요.

> **오스트리아·헝가리 제국**
> 1866년에 오스트리아 제국이 독립을 원하는 헝가리와 타협하여 세운 나라. 오스트리아 군주가 군사, 외교, 재정에 대한 권한을 가졌다.

사라예보 사건은 무엇이고, 제1차 세계 대전은 어떻게 영국, 프랑스, 독일, 러시아 등의 강대국이 모두 참전하는 대규모 전쟁이 됐을까요? 지금부터 그 이야기를 시작해 보겠습니다.

독일 제국의 탄생

제1차 세계 대전이 왜 일어났는지 알려면 먼저 독일에 대해서 이야기해야 해요. 19세기 중반까지만 해도 우리가 아는 모습의 독일은 없었어요. 당시에는 프로이센, 바이에른, 작센 등 독일어를 쓰는 35개의 작은 나라와 4개의 자유 도시가 동맹으로 묶인 독일 연방이 있었죠.

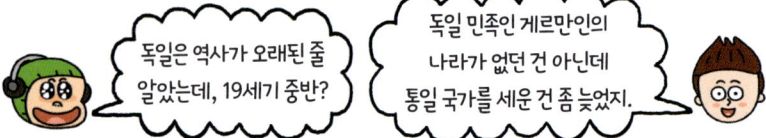

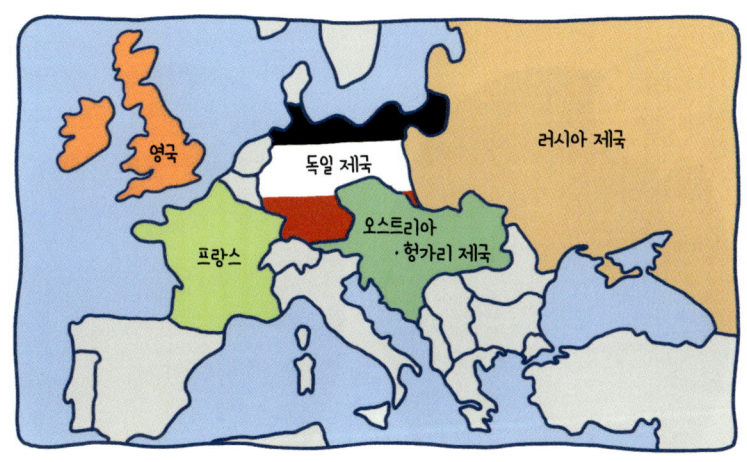

독일 제국을 둘러싼 유럽 강대국들 ↑

　1871년, 프로이센의 총리인 비스마르크가 강력한 정치력으로 독일 연방을 통일했어요. 그러고는 프로이센을 중심으로 하는 '독일 제국'을 선포했어요. 지금의 독일은 이때 태어났어요.

　새로운 국가가 탄생했으니, 나라를 안정시키고 힘을 키워야겠죠? 여기서 잠깐 지도를 한번 볼까요? 독일의 땅은 오스트리아·헝가리 제국, 프랑스, 러시아와 붙어 있고, 바다 건너에는 영국이 있어요. 모두 쟁쟁한 나라들이죠.

　독일의 첫 총리가 된 비스마르크는 이런 상황 속에서 나라의 힘을 키우려면, 주변 강대국과 정면충돌해선 안 된다고 생각했어요. 그래서 두루두루 동맹을 맺고 다툼이 생겨도 평화적으로 해결하려고 노력했죠.

> 먼저 나라를 안정시켜 힘을 키운 뒤 밖으로 나가자는 정책이로군!

오토 폰 비스마르크 ↑

빌헬름 2세 ↑

　비스마르크가 평화적인 외교 정책으로 나라를 안정시켜 가던 1888년이었어요. 독일의 새 황제로 빌헬름 2세가 즉위했어요. 당시 빌헬름 2세는 스물아홉 살로, 비스마르크보다 무려 마흔네 살이나 어렸어요.

　젊은 빌헬름 2세는 독일의 힘을 키워야 한다고 생각했어요. 영국, 프랑스처럼 식민지도 거느리고 싶었죠. 빌헬름 2세의 생각은 나라의 안정을 우선시한 비스마르크와 완전히 달랐어요.

　빌헬름 2세는 비스마르크가 강대국의 눈치를 본다고 여겼고, 두 사람은 사사건건 부딪혔어요.

"언제까지 주변 국가들의 눈치를 볼 것인가! 이젠 적극적으로 식민지를 확장해야 하오."

"평화를 유지하면서 나라를 안정시키는 게 먼저입니다. 평화가 깨지는 순간, 사방에서 적들이 몰려올 겁니다!"

"그렇게 해서 언제 강대국이 된단 말이오? 독일을 망치고 있는 건 비스마르크 당신이오!"

빌헬름 2세는 비스마르크를 총리직에서 물러나게 했어요. 거칠 것이 없어진 빌헬름 2세는 식민지를 얻겠다면서 공격적으로 팽창 정책을 펼쳐 나갔어요. 그리고 이 과정에서 빌헬름 2세는 세 가지 큰 실수를 했어요.

첫 번째는 러시아와의 동맹을 끊은 것이었고, 두 번째는 해군을 집중적으로 육성하며 당시 유럽 최강의 해군력을 자랑하던 영국의 심기를 건드린 거였어요. 그리고 세 번째는 프랑스가 식민지로 점찍어 뒀던 모로코의 독립을 지지하며 원래도 앙숙이었던 프랑스와의 관계를 더욱 악화

시켰다는 거예요.

독일은 유럽의 강대국 러시아, 영국, 프랑스와 사이가 나빠지자 오스트리아·헝가리 제국과 동맹을 강화했어요. 빌헬름 2세가 펼친 공격적인 외교 정책으로 유럽의 정세가 요동치기 시작했어요. 바로 이런 상황에서 '사라예보 사건'이 터졌어요.

사라예보 사건과 제1차 세계 대전의 발발

"탕! 탕!"

1914년 6월 28일 오전 10시, 사라예보에서 총성 두 발이 울렸어요.

"오스트리아의 대공이 총에 맞았어!"

라틴 다리 앞을 지나던 오스트리아의 대공 부부를 향해 누군가 총을 쏜 거예요. 그 누군가는 열아홉 살의 세르비아 청년 가브릴로 프린치프였어요. 청년은 왜 총을 쏘았을까요?

↑ 사라예보 사건을 그린 삽화

당시 세르비아는 발칸반도에 흩어진 슬라브 민족들을 통합해 하나의 큰 나라를 세우려고 했어요. 하지만 게르만 민족에 속하는 오스트리아·헝가리 제국이 방해하자 세르비아의 민족주의* 단체들은 앙심을 품었어요. 그중에 '검은 손'이라는 단체가 있었는데, 프린치프는 이 단체의 조직원이었어요.

> **민족주의**
> 민족을 중심으로 한 독립과 통일을 가장 중요하게 생각하는 사상.

프린치프가 쏜 총에 맞은 대공 부부는 병원으로 옮겨졌어요. 하지만 결국 목숨을 잃고 말았지요. 오스트리아·헝가리 제국은 발칵 뒤집혔어요. 황위 계승자가 세르비아의 청년에게 죽임을 당했으니 당장 복수해야 한다고 난리가 났죠. 하지만 오스트리아·헝가리 제국은 세르비아에 섣불리 전쟁을 선포할 수 없었어요. 슬라브계 국가들의 맏형인 러시아가 세르비아의 뒤에 떡하니 버티고 있었거든요.

이때 빌헬름 2세가 나섰어요. 독일이 오스트리아·헝가리 제국을 무조건 지원하겠다고 한 거예요. 전쟁을 망설였던 오스트리아·헝가리 제국은 독일을 믿고 즉각 세르비아에 선전 포고를 했어요.

세르비아에 대한 선전 포고에 러시아가

가만있을 리 없죠? 러시아는 곧바로 오스트리아·헝가리 제국으로 군대를 보냅니다. 오스트리아·헝가리 제국이 러시아군의 공격을 받게 되자 독일도 가만있지 않았어요. 두 나라는 동맹이고, 빌헬름 2세가 무조건 지원하겠다고 했잖아요. 독일도 러시아에게 곧바로 선전 포고를 했답니다.

빌헬름 2세의 공격적인 외교 정책으로 독일은 프랑스, 영국과 사이가 나빠졌다고 했잖아요. 독일이 러시아에 선전 포고를 하자 러시아와 동맹을 맺은 프랑스군이 출동했어요. 그러자 독일은 프랑스에 선전 포고를 해 맞불을 놓았지요. 그리고 군대를 당시 중립국이었던 벨기에를 거쳐 프랑스로 보내려고 합니다. 뒤를 이어 이번엔 벨기에와 동맹이었던 영국이 나섰어요. 중립국을 건드리는 건 국제 협약 위반이라면서요.

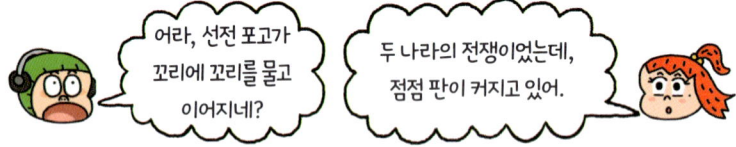

빌헬름 2세가 어떻게 했을까요? 빌헬름 2세는 가만있을 사람이 아니죠. 영국에게도 선전 포고를 합니다. 결국 독일은 강대국 러시아, 프랑스, 영국에게 모두 선전 포고를 하게 됐고 전쟁이 크게 번지게 됐어요.

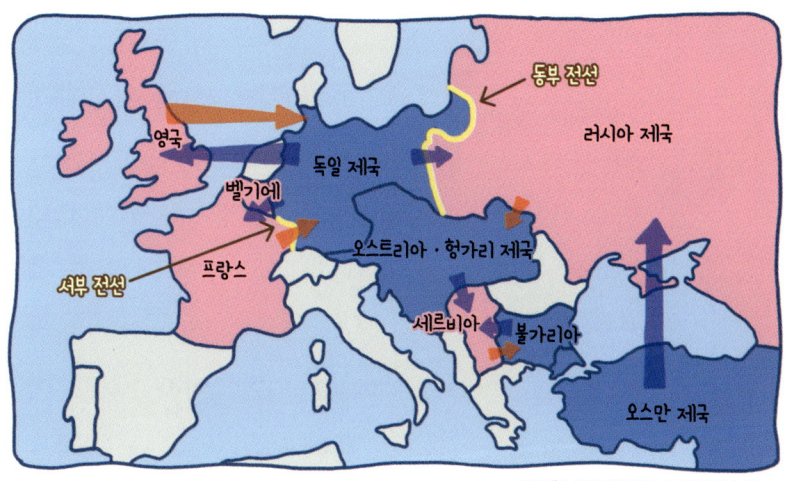

제1차 세계 대전의 교전 양상 ↑

　이때 끼어든 나라가 있어요. 오스만 제국이에요. 당시 오스만 제국은 유럽의 싸움에 중립을 선언한 상태였어요. 그런데 영국이 오스만 제국에게 팔았던 군함을 넘기지 않는 거예요. 얼떨결에 영국에 사기를 당한 오스만 제국은 더 이상 중립을 지키지 않았어요. 독일과 한편이 돼 전쟁에 끼어들었죠.

　또 세르비아와 국경 분쟁을 하던 불가리아도 독일 편에 서 전쟁을 하게 돼요. 사라예보에서 울린 총성으로 시작된 전쟁이 유럽 열강 전체가 참여하는 대전쟁으로 바뀌게 된 것이죠.

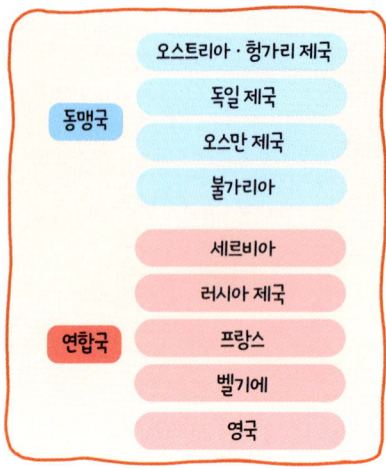

↑ 제1차 세계 대전 교전국

자, 이제 제1차 세계 대전의 싸움판을 한번 정리해 볼까요? 먼저 독일 편에 섰던 나라들을 동맹국이라고 해요. 그 반대편에 섰던 나라들은 연합국이라고 해요. 이렇게 두 편으로 나뉜 나라들은 대륙을 넘나드는 전쟁의 소용돌이에 빠졌답니다.

독일의 슐리펜 계획

전쟁이 시작되자 독일은 동부에서는 러시아, 서부에서는 프랑스와 싸워야 했어요. 병력을 동부와 서부로 나눠 보내 싸워야 하니 누가 봐도 불리했지요. 그런데도 독일이 전쟁을 하기로 마음먹은 데에는 이유가 있었어요. 이런 상황을 대비해 세워 둔 슐리펜 계획*이 있었기 때문이에요.

슐리펜 계획은 러시아가 독일에 비해 철도 시설이 잘 되어

> **슐리펜 계획**
> 독일군의 참모 총장인 슐리펜이 짠 계획. 서부 전선에서 프랑스 파리를 신속히 점령한 뒤 열차로 병력을 동부 전선으로 보내 러시아군을 격파하는 작전을 말한다.

있지 않다는 점에 착안했어요. 러시아는 땅이 넓잖아요. 병력을 이동시키는 데 시간이 걸렸죠. 독일은 그 시간을 약 6주로 계산했어요. 6주 안에 프랑스 파리를 치고 철도로 병력을 동부 전선으로 이동시킨다면 승리할 거라고 믿었죠.

> 6주 안에 프랑스 치고 러시아 치러 간다? 너무 빠듯해 보여.

슐리펜 계획대로 상황이 돌아갔을까요? 그렇지 않았어요. 앞서 독일군은 벨기에를 거쳐 프랑스로 갔다고 했죠? 프랑스와의 정면 대결을 피해 상대적으로 만만한 벨기에로 우회했는데, 벨기에군이 예상 밖으로 격렬하게 저항했어요. 슐리펜 작전은 빠른 속도가 생명인데, 여기서 시간을 써 버린 거죠.

게다가 러시아가 독일의 예상보다 훨씬 더 빨리 움직였어요. 이 바람에 독일은 러시아군을 막기 위해 병력을 일부 떼어 동부로 보내야 했죠. 서부 전선에 병력을 집중하려던 계획이 어그러진 거예요.

슐리펜 계획이 실패한 이유는 또 있어요. 독일은 프랑스에 진입하며 대포로 철도를 파괴했어요. 프랑스가 열차로 추가 병력을 보낼 수 없게 됐으니 독일은 파리 점령을 확신했죠. 그런데 난데없이 프랑스의 추가 병력이 파리 외곽 전선에 도착했어요. 도대체 어떻게 된 일일까요?

> 독일의 예상이 모두 빗나갔네. 전쟁을 너무 쉽게 생각했어.

　당시 프랑스 파리를 지키던 사령관은 병력을 빠르게 이동시킬 기발한 방법을 떠올렸어요. 바로 파리의 택시를 이용하는 거였지요. 즉시 택시들을 불러 모았는데, 그 수가 600여 대였어요. 택시들은 이틀 동안 한 대에 병사를 다섯 명씩 실어 하루 두 번씩 왕복해 무려 6천여 명을 실어 날랐어요. 택시 요금까지 치러 주면서요.

　프랑스는 택시 덕분에 가까스로 파리가 함락될 위기를 넘겼어요. 반대로 독일은 위기를 맞았죠. 슐리펜 계획의 실패로 독일은 그토록 피하고 싶었던 동부와 서부 양쪽에서 전쟁을 치러야 하는 상황을 맞이했어요.

길어진 전쟁, 신무기의 등장

독일군은 동부 전선에서 러시아의 대군을 격파해 나갔지만, 서부 전선에서는 그렇지 못했어요. 몇 달이면 끝날 줄 알았던 전쟁이 길어진 거예요.

전쟁 초기에 독일은 연합국에 맞서 잘 싸웠어요. 신무기인 기관총을 사용했거든요. 1분에 수백 발을 쏘는 기관총은 무시무시했어요. 하지만 연합국은 총탄에 수백 명의 병사들이 쓰러지면서도 '돌격 앞으로!'라는 명령을 멈추지 않았어요.

독일은 연합국과의 전투가 길어지자 참호를 만들기 시작했어요. 2미터 깊이로 땅을 파서 몸을 숨긴 채 총과 대포를 쏘고, 앞에 철조망을 둘러 적군이 쉽게 넘어오지 못하게 했죠. 독일이 참호를 만들자 연합국도 만들기 시작했어요. 제1차 세계 대전 중 서부 전선에 만든 참호의 길이는 760킬로미터에 이르러요. 직선거리로 따지면 서울에서 러시아 블라디보스토크에 달하는 엄청난 길이였지요.

> **참호**
> 산이나 벌판에서 전투를 할 때 몸을 숨기면서 적과 싸우기 위해 전선을 따라 만든 구덩이를 말한다.

참호가 만들어진 이후 전쟁의 양상은 완전히 바뀌었어요. 독일이든 연합국이든 공격에 나섰다가 참호에 몸을 숨긴 적군의 총격이나 포격을 받고 물러서는 경우가 많아졌죠. 양측은 참호에서 버티며 싸우는 참호전을 오랫동안 계속했어요. 병력은 점점 줄어들고 무기는 바닥나는데 승부는 나지 않는 상황! 이때 영국이 참호에서 몸을 숨기고 기관총을 쏘는 독일군의 방어선을 뚫기 위해 신무기를 만들었어요. 여기서 퀴즈!

Q. 보병의 돌격으로는 뚫리지 않는 적의 방어선을 돌파하기 위해 영국이 개발한 이것은 무엇일까요?

기관총을 막아야 하니까, 혹시 방패?

그리스 로마 신화에 나오는 페르세우스의 청동 방패라면 모를까, 방패로는 안 될 것 같아.

기관총 쏘는 사수를 저격하는 스나이퍼 건? 게임에서 스나이퍼 건이 있으면 정확히 조준해서 쏠 수 있거든.

참호에 몸을 숨기고 있는데 어떻게 기관총 사수를 찾아서 정확히 조준해? 불가능한 얘기야.

그렇다면, 방어선을 완전히 밀어 버릴 수 있는 탱크?

정답! 제1차 세계 대전 때 참호전이 길어지는 상황을 돌파하기 위해 전차인 탱크가 등장했어요. 탱크는 영국의 한 종군 기자가 바퀴 대신 무한궤도를 쓰는 트랙터를 보고 영감을 얻어 만들었어요. 영국은 새로 개발한 전차가 있다는 걸 독일군에게 숨기기 위해 저수조라는 뜻의 '탱크'란 암호명을 붙였어요. 처음에 만든 전차는 꼭 저수조처럼 생겼었거든요. 암호명으로 붙였던 이름이 지금까지 불리고 있는 거랍니다.

최초의 탱크인 마크 1

탱크가 전쟁터에 처음 등장하자 독일군은 크게 놀랐어요. 기관총 사격에도 끄떡없고 철조망도 단번에 밀어 버리는 탱크를 본 독일군은 "악마가 온다!"며 도망가기 바빴죠. 죽거나 다치는 사람도 헤아릴 수 없이 많았고요. 악마처럼 무서운 신무기는 이뿐이 아니었어요. 제1차 세계 대전의 전쟁터는 20세기에 발달한 과학 기술이 만든 신무기의 실험장 같았어요.

전쟁은 온갖 신무기를 동원한 육지뿐 아니라 바다에서도 이어지고 있었어요. 연합국인 영국은 독일이 외국으로부터 전쟁 물자를 받지 못하도록 바닷길을 막았어요.

독일도 가만있지 않았죠. 빌헬름 2세는 1915년 영국을 둘러싼 바다를 모두 전쟁터로 선포하고, 영국으로 향하는 모든 배를 격침하는 작전을 펼쳤어요. 연합국이든 아니든 가리지 않고 제한 없이 공격한다 해서 '무제한 잠수함 작전'이에요.

그런데 이 작전으로 인해서 어떤 사건이 일어나고 독일은 전쟁의 승기를 뺏기게 된답니다. 어떤 사건일까요? 그 이야기는 두 번째 여행지로 가서 해 볼게요.

2장 제1차 세계 대전의 종전과 참상

여긴 아일랜드 남쪽 해안의 작은 어촌 마을 킨세일입니다. 참혹했던 전쟁 이야기를 듣느라 힘들었을 테니 잠시 아름다운 풍경을 보며 숨을 돌려 볼까요?

아일랜드는 동화처럼 아름다운 풍경을 자랑하는 나라예요. 바다 위에 푸른 목초지가 떠 있는 듯해 '대서양의 에메랄드'라고도 불리지요. 하지만 외세의 침략, 영국의 식민 지배, 분단의 아픔이 있는 나라기도 해요. 우리나라 역사와 비슷하죠?

아일랜드에는 여행할 만한 곳이 많지만, 그중에 여러분들이 특히 좋아할 곳이 있어요. 바로 영화 〈해리포터〉의 호그와트 마법 학교의 촬영지로 유명한 '롱 룸 도서관'이에요. 수도 더블

롱 룸 도서관 ↓

린에 있는 롱 룸 도서관은 세계에서 가장 아름다운 도서관으로 유명하지요.

우리가 온 이곳 킨세일은 아일랜드에서 손꼽히는 휴양지예요. 17세기에 지어진 요새가 아직도 남아 있는 킨세일 앞바다에서는 대체 무슨 사건이 있었을까요?

루시타니아호 사건과 치머만 전보 사건

독일을 대표로 한 동맹국은 동부 전선에서 러시아를 밀어내고 있었지만, 서부 전선에서는 영국, 프랑스 등의 연합국과 승패가 나지 않는 긴 싸움을 하고 있었어요. 또 바다에서는 영국과 치열한 해전을 벌였지요.

독일은 영국이 바닷길을 막자 무제한 잠수함 작전을 펼쳤다고 했죠? 독일은 군함이든 상선이든 상관하지 않고 모든 배를 공격했어요. 심지어 중립국의 배도요. 그러다 1915년 5월 7일, 킨세일 앞바다에서 제1차 세계 대전의 승패를 가를 사건

↑ 독일의 무제한 잠수함 작전 구역

이 터지고 말았어요.

　이날 영국의 여객선인 루시타니아호가 2천여 명의 승객과 승무원을 태우고 킨세일 앞바다를 지나고 있었어요. 미국 뉴욕에서 출발해 영국 리버풀로 향하고 있었죠.

　독일이 무제한 잠수함 작전을 펼치고 있었지만, 루시타니아호를 운영하는 선박 회사는 이를 대수롭지 않게 여겼어요. 설마 여객선까지 공격하랴 싶었나 봐요. 승객들도 비슷하게 생각했을 거예요. 하지만 독일은 루시타니아호를 격침했어요.

루시타니아호 격침 사건이 문제가 된 건 이 배에 미국인 승객 128명이 타고 있었기 때문이에요. 이전까지 미국은 중립을 유지하면서 전쟁 물자를 팔아 이득을 챙기고 있었어요. '굿이나 보고 떡이나 먹자.' 하고 있었던 거지요. 그러나 미국인

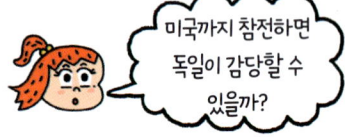

이 죽는 사건이 일어나자 가만있을 수 없었어요. 미국은 이틀 만에 독일에게 외교 단절이라는 초강수를 놓았어요.

독일은 이에 놀랐어요. 혹시나 미국이 참전할까 겁이 나서 무제한 잠수함 작전을 완화하겠다고 했지요. 그렇게 미국의 마음을 달래서 넘어가나 했는데, 또 큰 사건이 터졌어요. 바로 치머만 전보 사건이에요.

1917년, 영국은 독일의 외무 장관인 아르투어 치머만이 멕시코에 보낸 비밀 전보를 해독했어요. 멕시코는 미국과 국경을 맞대고 있는 나라예요. 멕시코는 미국과의 전쟁에서 져서 엄청나게 많은 땅을 빼앗긴 상태였어요. 당연히 미국과 사이가 좋지 않았죠. 그런 멕시코에게 독일이 동맹을 제안하는 비밀 전보를 보냈다는 게 알려지자 미국은 더 이상 참지 않았어요.

1917년 4월 6일, 미국의 대통령 우드로 윌슨이 독일에 전쟁을 선포했어요. 세계 최강국으로 급부상하고 있던 미국의 참전은 제1차 세계 대전의 판도를 바꿔 놓기에 충분했어요.

1917년 1월 6일, 치머만은 멕시코 주재 독일 대사에게 이런 비밀 전보를 보냈어요.

"무제한 잠수함 작전을 재개할 예정이다. 독일이 미국과 중립 관계를 유지하는 것이 불가능하다면, 멕시코와 동맹을 맺고 미국을 공격하자. 그 대가로 멕시코에게는 미국에 빼앗겼던 땅을 돌려주겠다."

연합국의 균열과 러시아 혁명

독일은 잇달아 대형 사건을 일으키면서 궁지에 몰렸지만, 아직 전쟁을 포기할 상황은 아니었어요. 미국 군대가 대서양을 건너 유럽 대륙으로 오려면 최소한 몇 달은 걸릴 테니까 말이에요.

희망은 또 있었어요. 끝이 보이지 않는 전쟁에 지친 연합국의 병사들이 지휘관의 명령에 따르지 않기 시작한 거예요. 지휘관이 공격을 지시해도 전투에 나서기를 거부하는 병사들이 많아졌지요. 동부 전선에서 독일군에 밀리면서도 전쟁을 그만두지 않았던 러시아 병사들도 마찬가지였어요.

러시아는 동부 전선뿐만 아니라 나라 안의 상황도 좋지 않았어요. 러시아는 전쟁에 모든 것을 쏟아부었지만 얻은 것이 없었어요. 수많은 젊은이가 다치거나 죽었고, 나라 경제는 어려워지기만 했죠. 가난과 굶주림에 시달린 이들은 전쟁을 그만하라고 외치며 봉기를 일으켰어요. 그리고 1917년, 러시아 혁명이 일어났어요.

'공산주의'라고 쓴 펼침막을 들고 모스크바를 행진하는 군인들 ↑

혁명으로 러시아에는 블라디미르 레닌의 주도로 소비에트 정부가 수립됐어요. 소비에트 정부는 1918년 3월 독일과 단독으로 강화 조약인 '브레스트리토프스크 조약'을 맺고 전쟁을 중단했어요.

소비에트
러시아어로 '대표자 회의'라는 뜻으로 노동자, 농민, 병사 대표로 구성된 기구를 뜻한다.

그동안 동부와 서부, 두 전선에서 전쟁을 치렀던 독일로서는 반가운 일이었죠. 이제 모든 병력을 서부 전선에 집중할 수 있으니까요. 독일은 총공세를 폈어요. 그러나 연합국은 만만치 않았고, 독일은 승리를 가져올 수 없었어요.

  그사이 미국은 서부 전선으로 매달 병사들과 엄청난 양의 전쟁 물자를 보냈어요. 1918년 여름 무렵엔 무려 100만 명이나 되는 미군이 배치됐지요. 미국이 합세한 연합국은 9월 26일, 제1차 세계 대전을 끝내기 위한 마지막 공격을 시작했어요.

  약 1,500대의 비행기가 하늘로 날아올라 독일의 참호를 두들겼고 퇴각하는 독일군에게 폭탄을 퍼부었어요. 48시간 만에 방어선이 뚫렸고, 독일은 전쟁을 더 할 수 없을 만큼 큰 피해를 입었어요. 그래도 독일은 포기하지 않았어요.

  독일은 어떻게든 전쟁을 이어 가려 했어요. 그러나 오랜 전

↓ 휴전 협정 모습을 그린 그림

쟁에 지친 동맹국들이 먼저 발을 뺐어요. 불가리아, 오스만 제국, 오스트리아·헝가리 제국이 차례로 항복했죠. 혼자 남은 독일은 결국 두 손을 들고 말았어요.

　1918년 11월, 연합국과 동맹국 양측 대표단은 프랑스 파리 북서쪽에 있는 콩피에뉴 숲에서 만났어요. 숲에 정차해 있던 열차 안에서 휴전 협정문에 서명을 했어요. 마침내 제1차 세계 대전이 막을 내린 거예요. 그렇다면, 제1차 세계 대전의 막을 연 빌헬름 2세는 어떻게 됐을까요?

　빌헬름 2세는 휴전 협정을 맺기 사흘 전인 11월 9일 황제 자리에서 내려왔어요. 독일 안에서 전쟁을 멈추라는 목소리가 커져 독일 혁명이 일어났고, 제정이 무너졌지요. 빌헬름 2세는 중립국인 네덜란드로 피신을 갔고, 그곳에서 생을 마감했답니다.

> **독일 혁명**
> 1918년 9월 이후, 전쟁이 불리하게 전개되자 병사, 노동자들이 전쟁 중단과 황제 퇴위를 요구하며 일으킨 혁명. 11월 혁명이라고도 한다.

종전과 베르사유 조약

　전쟁이 끝난 뒤, 패전국 독일을 기다리고 있는 건 가혹한 강화 조약이었어요. 독일은 1919년 6월 28일 프랑스에서 연합국과 베르사유 조약을 맺었어요.

베르사유 조약으로 독일은 기존 영토의 13퍼센트를 내놓아야 했고, 군사력에 제한을 받게 됐어요. 육군은 10만 명까지만 둘 수 있으며 잠수함, 비행기, 탱크 등 현대식 무기는 보유할 수 없었죠. 무엇보다 독일에게 부담이 된 건 배상금이었어요.

연합국은 지금 가치로 따지면 3천조 원을 훌쩍 넘는 1,320억 금마르크를 배상금으로 책정했어요. 독일이 전쟁을 일으켰으니, 독일이 연합국의 전쟁 비용뿐만 아니라 연합국 군인과 민간인이 입은 피해까지 모두 배상해야 한다는 거였죠. 그런데 이 돈은 독일 국민들이 수십 년 동안 먹지도 자지도 않고 일해

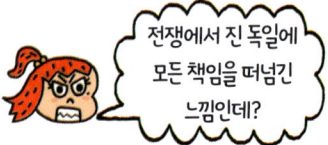

야 갚을 수 있는 액수였어요.

베르사유 조약 이후 독일은 배상금을 물어내느라 허덕였고 경제는 나빠졌어요. 독일 국민들의 불만도 점점 커져 갔답니다. 땅도 뺏기고 군사력도 잃고 돈까지 물어야 했으니까요. 결국 베르사유 조약은 또 다른 전쟁의 불씨가 되고 말았어요.

제1차 세계 대전의 결과와 변화

제1차 세계 대전 이후 유럽은 많은 것이 바뀌었어요. 우선 제국이 무너졌어요. 독일 제국은 혁명 후 바이마르 공화국으로 바뀌었고, 러시아 제국도 혁명 후 1922년 소비에트 사회주의 연방인 소련으로 바뀌었어요. 또 오스트리아·헝가리 제국

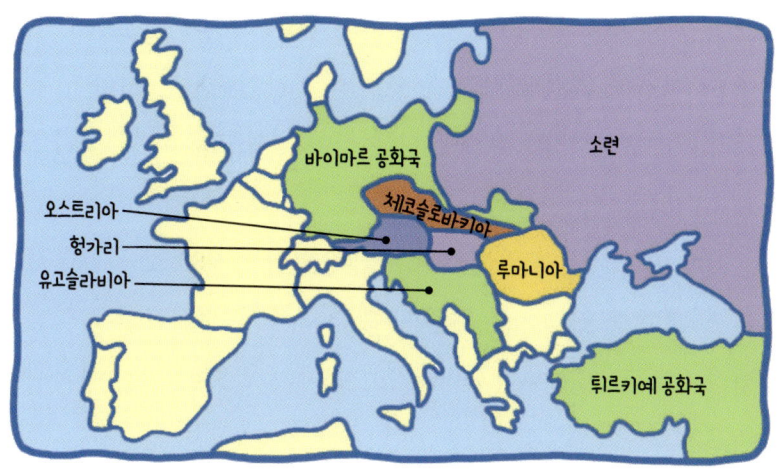

제1차 세계 대전 전후 달라진 지도 ↑

이 해체되어 새로운 국가들이 생겨났고, 오스만 제국은 튀르키예 공화국으로 바뀌었어요. 이에 따라 지도가 달라졌답니다.

제1차 세계 대전은 무엇보다 사람들의 몸과 마음에 충격과 고통을 남겼어요. 전쟁터에 나갔던 병사는 무려 6,500만 명, 그중에서 절반이 넘는 수가 죽거나 다쳤어요.

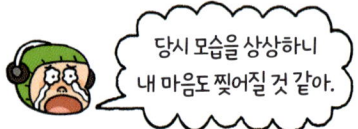
당시 모습을 상상하니 내 마음도 찢어질 것 같아.

제1차 세계 대전에서 병사들은 눈앞에서 동료가 목숨을 잃는 걸 보았어요. 얼마나 슬펐을까요? 하지만 전쟁 중에 이런 일은 숱하게 일어났어요. 잔혹한 상황이 계속되니 나중에는 가까운 사람이 죽어도 슬픔을 느끼지 못하기도 했어요. 큰 슬픔을 너무 많이 겪다 보니, 감정이 무뎌진 거예요.

어떤 병사들은 정상적으로 감정을 느끼지 못하는 정도를 넘어 정상적으로 사고하고 행동하지 못하는 지경에 이르기도 했어요. 전쟁이 끝난 뒤에도 공포심과 긴장감에서 벗어나지 못해 잠을 자거나 식사를 하는 기본적인 생활도 못하게 된 거예요. 그만큼 마음의 상처가 컸던 거죠.

이때 이런 병사들을 치료하기 위해 의학 기술이 크게 발달했어요. 다친 몸을 고치기 위한 성형 수술, 고장난 마음과 의식을 정상으로 돌리기 위한 심리 치료 분야가 발전했지요. 여기서 퀴즈!

Q 제1차 세계 대전 중 포로들이 좁은 공간에서 하던 동작이 시초가 돼 널리 퍼진 운동은 무엇일까요?

포로니까, 탈출을 위해서 전투력을 기르는 무술? 아니면 힘을 기르는 근력 운동?

전투력보다는 건강을 지키는 게 먼저일 거 같아. 운동 기구는 당연히 없었을 테니, 체조나 요가 아닐까?

오! 비슷해요. 요가를 변형한 운동이고, 우리나라에서 요즘 한창 유행하는 운동이에요.

교수님, 저 알 것 같아요. 필라테스가 퍼졌어요!

정답! 필라테스는 제1차 세계 대전 중 독일인인 요제프 필라테스가 만든 운동이에요. 그는 어렸을 때 요가를 배운 적이 있는데, 포로로 잡혀 있을 때 부상당한 사람들이 건강을 되찾을 수 있게 할 방법을 찾다가 필라테스를 만들었다고 해요.

↑ 전쟁 물자 공장에서 포탄을 만드는 여성들

 전쟁 이후에 달라진 긍정적인 부분도 있어요. 여성들의 사회 진출이 활발해졌다는 거예요. 남성들이 전쟁터로 나가고 일할 사람이 부족해지자 여성들이 나서게 된 거죠.

 여성들은 다양한 곳에서 일손을 채웠어요. 공장에서 포탄 등 전쟁 물자를 만들기도 하고, 전쟁터와 가까운 곳에 있는 병원 간호사로 활약하기도 했어요. 이렇게 여성들이 사회에 진출해 활약한 것을 계기로 미국과 영국 등 여러 나라에서는 여성 참정권이 생기기도 했답니다.

와, 이건 정말 긍정적인 변화네!

제1차 세계 대전 후의 변화에 대해 영국의 한 역사학자는 이렇게 말하기도 했어요.

"20세기는 1901년이 아니라 1914년에 시작되었다."

제1차 세계 대전이 인류의 역사와 생활 방식은 물론 생각까지 바꿀 정도로 엄청난 사건이었다는 의미예요. 20세기 초까지 유럽인들은 인간의 이성과 과학 기술이 인류의 발전을 보장할 거라고 믿었어요. 그러나 참혹한 전쟁을 겪은 이후, 사람들의 마음속에는 인류의 발전에 대한 무조건적인 믿음 대신 의심과 걱정이 자리 잡기 시작했어요.

평화는 엄청난 희생을 치른 끝에 찾아왔지만, 이 평화는 그렇게 오래가지 못했어요. 한 인물에 의해 전 세계가 다시 전쟁의 소용돌이 속으로 빨려 들어가게 되거든요. 그럼 다음 이야기를 하기 위해 독일로 이동해 볼까요?

HISTORY AIRLINE

2부
제2차 세계 대전과 냉전

FROM S.KOREA   TO GERMANY

Boarding Pass

❶ 제2차 세계 대전 발발
❷ 제2차 세계 대전의 또 다른 전선
❸ 냉전의 시작
❹ 제3차 세계 대전의 위기

독일

보스니아 헤르체고비나

국가명	독일 연방 공화국
수도	베를린
민족	게르만인
먹을거리	프랑크 소시지, 햄버그스테이크, 아이스바인, 사우어크라우트
종교	가톨릭교(30.8%), 개신교(26.4%), 이슬람교(5.5%), 무교 및 기타(37.3%)
언어	독일어

세계사
- 독일 나치 정권 수립 1933년
- 제2차 세계 대전 발발 1939년
- 진주만 공습 1941년
- 원자 폭탄 투하, 국제 연합 창설 1945년

한국사
- 1940년 한국광복군 창설
- 1945년 8·15 광복

제1차 세계 대전 후 유럽은 대공황과 맞물려 극심한 경제적 어려움에 시달렸어요. 경제는 물론 정치까지 혼란스러워지자 몇몇 나라에서는 전체주의를 앞세운 독재자가 등장했어요. 결국 제2차 세계 대전이 발발하면서 전 세계는 또다시 불길에 휩싸이게 된답니다. 그리고 이때 인류 최악의 발명품이라고 불리는 원자 폭탄이 만들어졌어요. 이후 어떤 일이 일어났을까요? 지금부터 제2차 세계 대전과 냉전 시대를 벌거벗겨 보도록 해요.

| 미국, 수소 폭탄 실험 | | 소련, 세계 최초 인공위성 발사 | | | 쿠바 미사일 위기 |
| 1952년 | | 1957년 | | | 1962년 |

| 1950년 | 1953년 | | 1960년 | 1961년 | |
| 6·25 전쟁 발발 | 휴전 협정 체결 | | 4·19 혁명 | 5·16 군사정변 | |

 # 제2차 세계 대전의 발발

여기는 제1, 2차 세계 대전의 중심 국가였던 독일의 수도 베를린입니다. 베를린에는 브란덴부르크 문, 전승기념탑, 티어가르텐 등 가 볼 만한 곳이 아주 많아요. 또 각종 박람회와 전시회, 축제가 끊이지 않아 독일에서도 문화적으로 볼거리가 가장 풍부한 도시로 손꼽힌답니다.
　독일은 제2차 세계 대전 이후 '라인강의 기적'이라고 불릴 정도로 급속한 경제 성장을 이루었고, 지금의 강대국이 되었어요. 하지만 제1차 세계 대전 직후에는 지금과 상황이 완전히 달랐어요. 베르사유 조약으로 막대한 전쟁 배상금을 물어야만 했던 패전국 독일의 정치와 경제는 그야말로 엉망이었지요. 무슨 일이 있었는지 알아볼까요?

↓ 브란덴부르크 문

히틀러의 등장

제1차 세계 대전이 끝난 뒤, 베르사유 조약에 따라 엄청난 전쟁 배상금을 떠안은 독일 국민들의 생활은 날이 갈수록 힘들어졌어요. 엎친 데 덮친 격으로 1920년대 말에는 경제 대공황까지 전 세계를 휩쓸었어요. 독일에서는 실업자가 엄청나게 늘어났고 경제는 붕괴 직전에 이르렀답니다.

전쟁이 끝나면 생활이 조금은 나아질 거라고 생각했던 사람들은 깊은 절망에 빠졌어요. 한편으로는 이런 상황이 베르사유 조약 때문에 빚어진 것이라 생각해 분노하기도 했지요.

↑ 아돌프 히틀러

이때 등장한 사람이 바로 아돌프 히틀러예요. 히틀러는 힘들어하는 독일인들을 향해 이렇게 말했어요.

"우리 민족은 대대로 그래왔던 것처럼 열심히 일했습니다. 그런데 지금 독일은 어려움을 겪고 있습니다. 우리가 무엇을 잘못했습니까? 이게 다 전쟁 배상금 때문입니다. 이 모든 일의 책임은 베르사유 조약서에 서명한 바이마르 공화국 정부에 있습니다! 안 그렇습니까?"

히틀러는 뛰어난 웅변으로 독일인들의 민족적 자부심과 애국심을 끌어올렸어요. 그러고는 독일이 맞은 위기의 책임은 바이마르 공화국 정부에 있다며 강력하게 비판했어요.

히틀러는 또 이 모든 위기가 유대인 탓이라고 주장했어요. 1925년 조사에 따르면, 유대인은 독일 인구의 1퍼센트 남짓이었어요. 그런데 1930년대 유대인들은 독일 민간 은행의 절반을 소유할 정도로 경제적 위치가 높았어요. 생활고를 겪는 독일인들에게 유대인은 눈엣가시였죠. 히틀러는 이 점을 파고들었어요. 독일인들의 분노가 유대인을 향하게 만든 거예요.

> 적을 만들어서 분노의 방향을 돌린 거네.

"우리가 이렇게 고통받는 이유는 바로 유대인 때문입니다!"

"옳소, 옳소! 히틀러 만세!"

독일인들은 히틀러와 그가 속한 나치당*의 선동에 넘어갔어요. 독일인들은 위기를 극복하고 강한 나라를 만들기 위해서 모두가 뭉쳐야 한다고 생각하기 시작했어요. 뭉치는 데 방해되는 건 없애야 하고, 전체를 위해

> **나치당**
> 히틀러가 주도했던 국가주의·독일 민족 지상주의를 내세운 정당. 정식 명칭은 국가사회주의 독일 노동자당이다.

서는 개인의 희생을 감수해야 한다는 분위기가 만들어졌지요. 개인보다 국가의 이익을 우선시하는 파시즘이 독일을 사로잡기 시작한 거예요.

이런 분위기 속에서 1932년에 치러진 선거에서 나치당은 독일 최대 정당이 되었고 히틀러는 총리의 자리에 올랐어요. 이후 히틀러는 대통령의 권한까지 차지하며 독일의 권력을 완전히 장악했어요. 이 시기의 독일을 '나치 독일'이라고 해요.

히틀러는 전쟁을 통해 과거의 영광을 되찾겠다는 야심을 숨기지 않았어요. 베르사유 조약을 무시하고 폭격기, 전차 등 최신식 무기를 만들며 다시 군사력을 키우기 시작했어요. 이렇게 제2차 세계 대전의 불씨가 점점 타올랐어요.

제2차 세계 대전과 우라늄 클럽 개시

독일이 재무장하며 전쟁 준비에 몰두하고 있을 무렵 이탈리아와 일본에서도 파시즘이 등장했어요. 이탈리아는 제1차 세계 대전이 시작된 지 거의 1년 후에야 연합국의 편으로 참전을 했어요. 이탈리아는 승전국이 됐지만, 전쟁에서 얻은 것은 없고 피해만 컸지요. 이탈리아인들은 위기를 극복하기 위해 똘똘 뭉쳐야 한다고 생각했어요. 이때 이탈리아인이 단결하면 로

　마 제국의 영광을 재현할 수 있다고 주장하는 무솔리니가 정권을 잡게 되었어요. 일본도 군부가 정권을 잡고 군국주의를 강화해 나갔답니다.

　파시즘 국가들은 침략 전쟁을 통해 경제적 어려움을 극복하고 국민의 불만을 잠재우려고 했어요. 지도자들은 그런 생각을 애국심으로 포장해 국민을 선동했지요. 민족이나 국가의 이익을 위해서라면 개인의 자유를 무시할 수 있다는 생각은 곧 나라의 이익을 위해서라면 전쟁도 마다하지 않겠다는 생각으로 변했어요.

　그리고 1939년 9월 1일, 독일이 폴란드를 침략하면서 인류

역사상 최악의 비극이라고 불리는 제2차 세계 대전이 시작되었어요. 독일이 폴란드를 공격하자 영국과 프랑스가 독일에 전쟁을 선포하고 연합국을 이루었어요. 독일은 같은 파시즘 국가인 이탈리아와 일본과 동맹을 맺고 추축국*을 형성했죠. 이후 미국과 소련, 중국이 참전하면서 전쟁은 전 세계로 확대되었어요.

> **추축국**
> 제2차 세계 대전에서 침략 전쟁을 일으킨 독일과 이탈리아, 일본의 3국 동맹을 지지한 진영이다.

무려 60여 개국이 참전하고 1억 명이 훌쩍 넘는 어마어마한 병력이 투입된 이 전쟁은 무려 6년간 이어지게 됩니다. 그 과정에서 미국은 인류 최악의 발명품이라는 원자 폭탄을 개발했

↑ 독일의 실험용 원자로

어요. 미국은 왜 원자 폭탄을 개발하게 되었을까요?

독일이 폴란드를 침공하기 직전인 1938년 무렵 독일의 과학자들은 핵분열 현상을 연구하고 있었어요. 핵분열은 우라늄 원자핵이 두 개로 쪼개질 때 엄청난 에너지가 방출되는 현상을 말해요. 과학자들은 핵분열 반응을 관찰하면서 이런 생각을 했답니다.

'원자핵이 둘로 쪼개질 때 발생하는 에너지를 활용하면 엄청난 위력의 폭탄을 만들 수 있지 않을까?'

핵분열 반응으로 새로운 무기를 개발할 수 있다는 걸 가장 먼저 알게 된 건 나치 독일이었어요. 나치 독일은 전쟁을 준비하면서 유명한 물리학자들을 모아 핵무기 개발 계획인 '우라늄 클럽'을 조직했지요.

세계 최고 수준의 독일 물리학자들이 핵분열 반응을 연구하고 있고, 곧 엄청난 파괴력의 폭탄을 만들 수도 있다는 소식은 그 자체로 크나큰 충격이자 공포였어요. 히틀러가 핵무기를 손에 넣을 수도 있다는 소식은 순식간에 과학계에 퍼졌어요. 그리고 이 소식은 바다 건너 미국에도 전해졌답니다.

맨해튼 프로젝트

"독일의 물리학은 세계 최고 수준입니다. 새로운 폭탄을 개발하는 건 시간문제일 겁니다."

"그 전에 무슨 수를 써야 하지 않을까요?"

과학자들은 히틀러의 손에 핵무기가 들어간다고 생각하니 등골이 서늘했어요. 누군가 독일보다 먼저 핵무기를 만들어 히틀러를 굴복시켜야 한다고 생각했지요. 그러기 위해서는 미국을 움직이는 게 중요했어요. 핵무기를 만들 엄청난 돈과 인력을 가진 나라는 미국밖에 없었으니까요.

과학자들은 당시 가장 영향력 있는 물리학자로 전 세계적으로 명성이 높았던 아인슈타인에게 도움을 요청했어요. 미국의 대통령 루스벨트에게 독일이 엄청난 위력의 원자 폭탄을 개발하고 있으니 대책을 마련해야 한다며 편지를 써 달라고 부탁한 거예요. 아인슈타인이라면 미국 정부가 귀를 기울일 거라고 생각했거든요.

평소에 전쟁을 끔찍이 싫어했던 아인슈타인은 고민 끝에 편지를 썼어요. 이렇게 전 세계의 과학자들과 아인슈타인 등이 나서서 루스벨트를 설득한 끝에 미국은 원자 폭탄을 개발하기로 결정했답니다.

아인슈타인이 미국의 대통령 루스벨트에게 보낸 편지에는 어떤 내용이 담겨 있었을까요?

이게 바로 아인슈타인의 서명이 들어간 편지예요.

프랭클린 루스벨트 미합중국 대통령에게.
우라늄의 핵분열 반응을 이용하면 새로운 유형의 폭탄을 만들 수 있습니다. 이 새로운 유형의 강력한 폭탄은 엄청난 위력을 가지고 있습니다. 지금 독일에서 이 연구가 활발하게 진행되고 있습니다. 즉시 대책을 마련해야 합니다.

1939년 8월 2일
진심을 담아, 알베르트 아인슈타인.

아인슈타인이 루스벨트에게 편지를 쓴 지 한 달도 되지 않아 독일이 폴란드를 침공하며 제2차 세계 대전이 발발했어요.

공격하라!

상황이 심상치 않자 미국은 물리학자 오펜하이머를 맨해튼 프로젝트 연구 책임자로 임명하고 원자 폭탄을 개발하기 시작했어요.

꼭 성공해 주시오.

최선을 다하겠습니다.

미국이 비밀리에 추진한 원자 폭탄 개발 계획이 바로 '맨해튼 프로젝트'예요. 미국 역사상 가장 큰 규모의 과학 프로젝트였던 이 계획에는 무려 13만 명이 투입되었고 연구비도 총 20억 달러에 달했어요. 지금으로 따지면 약 300조 원에 이르는 엄청난 돈이에요.

맨해튼 프로젝트는 철저한 보안 속에서 진행되었답니다. 미국 전역에 흩어진 30여 개의 연구 단지에서 일하는 사람들은 모두 가명을 사용했고, 서로 어떤 일을 하는지 몰랐어요. 자기가 무슨 일을 하고 있는지조차 모르는 사람도 있었죠. 심지어

당시 미국의 부통령이었던 트루먼도 대통령이 되고 나서야 원자 폭탄을 개발하고 있다는 사실을 알았을 정도예요.

미국은 극비리에 원자 폭탄 개발을 수년간 착실하게 진행했어요. 그런데 세계 최초의 원자 폭탄 실험을 코앞에 둔 1945년 4월 30일 유럽에서 뜻밖의 소식이 날아왔어요.

그건 바로 히틀러가 죽었다는 소식이었어요. 미국과 영국, 소련의 반격으로 전세가 급격하게 연합국 쪽으로 기울자 히틀러가 베를린의 지하 벙커에서 스스로 목숨을 끊은 거예요. 히틀러 사망 며칠 후인 1945년 5월 8일, 나치 독일은 항복을 선언했어요. 미국이 핵무기를 개발하기도 전에 독일이 패망한 거예요.

트리니티 테스트와 원자 폭탄의 완성

독일이 항복하면서 유럽에서의 전쟁은 끝이 났어요. 하지만 전쟁이 완전히 끝난 건 아니었어요. 추축국을 이루었던 일본이 아시아와 태평양에서 끈질기게 저항하고 있었거든요.

맨해튼 프로젝트를 진행하던 과학자들은 의견이 나뉘었어요. 독일이 항복했으니 원자 폭탄 개발을 그만두어야 한다는 의견, 아직 전쟁 중이니 원자 폭탄을 완성해야 한다는 의견이었죠. 과학자들은 원자 폭탄이 실제로 사용되면 인류를 파멸로 이끌 수 있다는 걸 알았어요. 하지만 원자 폭탄이 개발된다면, 그 존재만으로도 전쟁을 억제할 수 있다고 믿었어요. 그리고 원자 폭탄 실험을 코앞에 둔 상황이었으니 그 위력을 직접 확인하고 싶은 마음도 컸을 거예요.

결국 독일이 항복한 지 약 2개월 후인 7월 16일, 세계 최초의 원자 폭탄 실험인 '트리니티 테스트'가 진행되었어요. 아직 동이 트지 않은 새벽 5시 30분, 미국 뉴멕시코주 사막 한가운데에서 원자 폭탄이 엄청난 빛과 열을 뿜으며 폭발했어요. 이 순간을 직접 본 어떤 과학자는 태양보다 몇 배는 더 밝은 빛이 사방에 쏟아졌다고 말했어요. 여기서 퀴즈!

↑ 트리니티 테스트 당시 모습

Q 과학자들은 원자 폭탄 폭발 때 발생할 빛과 열로부터 자신을 보호하기 위해 무엇을 사용했을까요?

사막에서 진행한 실험이니까 모래를 물이랑 섞어 몸에 바르지 않았을까? 진흙 구이를 생각해 봐. 겉은 타도 속은 멀쩡하잖아? 아, 갑자기 배고프다!

참호는 어때? 그 안에 들어가서 피하는 거지.

뜨거운 빛과 열을 피하려면 양산이 최고지. 다들 집에서 양산을 하나씩 들고 왔을 것 같아.

교수님, 저요, 저! 선크림이죠? 오늘도 집에서 바르고 나왔어요. 내 피부는 소중하니까요.

정답! 과학자들은 혹시 모를 화상에 대비해 선크림을 챙겨 와서 서로 나눠 발랐다고 해요. 현장에 있었던 뉴욕타임스 기자는 '어두운 새벽에 누구나 알 만한 유명한 과학자들이 진지하게 선크림을 나눠 바르는 모습이 무척 괴기했다.'고 말하기도 했어요.

원자 폭탄이 폭발하는 순간을 두 눈으로 확인한 90여 명의 과학자들은 깜짝 놀랐어요. 원자 폭탄의 파괴력을 예상하고는 있었지만, 그 위력이 상상을 뛰어넘었던 거예요. 맨해튼 프로젝트의 연구 책임자였던 물리학자 오펜하이머는 최초의 원자 폭탄 실험이 성공한 뒤 이렇게 말한 것으로 알려져 있어요.

"이제 나는 죽음이자, 세상의 파괴자가 되었다."

당시 과학자들은 실험 후에도 원자 폭탄이 어떤 위험이 있는지, 얼마나 큰 피해를 낳을지 정확히 알지 못했답니다. 특히 방사성 물질에 노출되는 게 얼마나 위험한 일인지 전혀 몰랐어요. 심지어 직접 원자 폭탄을 설계·제작했던 오펜하이머와 맨해튼 프로젝트의 최고 책임자였던 육군 장군

↑ 실험 후 현장을 보는 오펜하이머와 그로브스

그로브스도 신발에 종이 덧신만 두르고 폭발 현장을 돌아다녔다고 해요.

트리니티 테스트의 성공으로 마침내 미국은 독일보다 먼저 원자 폭탄을 개발하겠다는 최초의 목표를 달성했어요. 하지만 독일은 이미 2개월 전에 항복한 상태였어요. 처음에 원자 폭탄을 개발하려고 했던 이유가 사라진 셈이지요. 그런데도 미국은 계속해서 원자 폭탄을 개발했고, 무시무시한 위력의 원자 폭탄을 일본에 두 발이나 떨어뜨렸어요.

미국은 독일 때문에 만든 원자 폭탄을 왜 일본에 떨어뜨렸을까요? 그 이유를 파헤치기 위해 태평양 한가운데 있는 섬 하와이로 떠나 보겠습니다.

제2차 세계 대전의 또 다른 전선

알로하! 우리는 지금 하와이 오아후섬에 도착했습니다. 북태평양 한가운데 위치한 하와이는 총 여덟 개로 된 화산섬이에요. 1959년에 정식으로 미국의 50번째 주가 되었지요. 가장 큰 섬은 빅 아일랜드라 불리는 섬인데, 주민들 대부분은 여기 오아후섬에 살고 있습니다. 하와이의 주도이자 하와이에서 가장 큰 도시인 호놀룰루도 바로 이 섬에 있어요.

아름다운 하와이에서 미국이 제2차 세계 대전에 참전하게 된 사건이 발생합니다. 이 사건은 결과적으로 미국이 일본에 원자 폭탄을 투하하는 상황으로 이어져요. 지금부터 오아후섬의 진주만에서 있었던 사건에 대해 이야기해 볼게요.

하와이 오아후섬 ↓

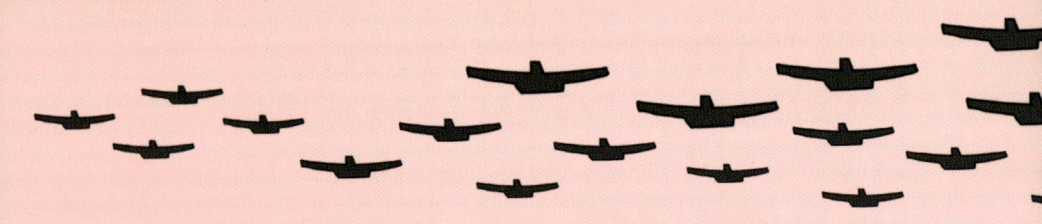

진주만 공습과 미국의 참전

1941년 12월 7일, 하와이 오아후섬에 주둔 중이던 미군은 평화로운 휴일 아침을 보내고 있었어요. 그런데 저 멀리서 비행기 엔진 소리가 들리더니 하늘에 까만 점이 하나둘 나타나기 시작했어요. 까만 점은 곧 하늘을 새까맣게 뒤덮었고 무서운 속도로 미군 함대를 향해 돌진했어요. 일본이 진주만에 주둔 중인 미국의 태평양 함대를 기습한 거예요!

"적의 공습이다! 모두 피해!"

진주만 하늘에 갑자기 나타난 350대의 비행기에서 수백 발의 폭탄이 쏟아졌어요. 미국의 태평양 함대는 순식간에 폭발음과 화염, 시커먼 연기에 휩싸였고 지상 낙원

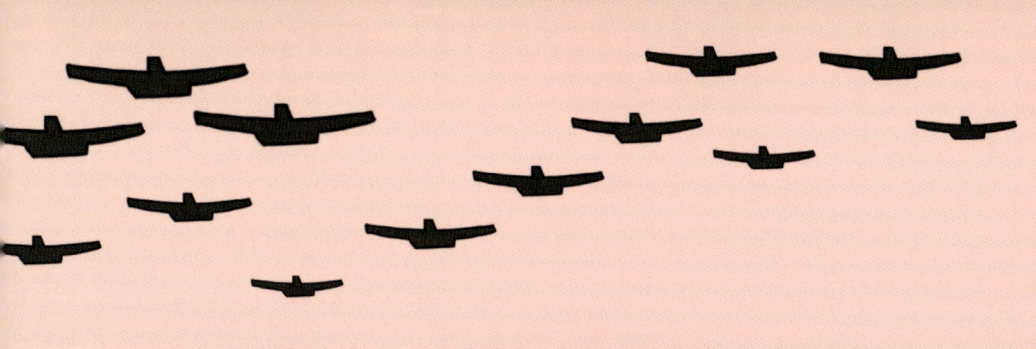

이라 불리던 하와이는 불바다로 변하고 말았어요. 약 두 시간 동안 기습적으로 이루어진 일본의 '진주만 공습'으로 미국은 비행기 300여 대, 배 20여 척을 잃었고, 2천 명이 넘는 사망자가 발생했어요.

너무 놀랐겠다. 완전 무방비 상태였잖아.

　미국은 엄청난 충격에 빠졌어요. 미국은 독립 이후 적에게 영토를 공격받은 경험이 거의 없었어요. 게다가 태평양 한가운데 있는 하와이가 공격받을 거라고는 상상도 못했어요. 일본에서 하와이까지는 배로 12일이나 걸리는 먼 거리였거든요. 일본은 미국이 방심한 틈을 타 항공 모함에 수백 대의 비행기를 싣고 하와이 근처까지 접근해 공습을 했던 거예요.

일본이 진주만을 공습한 바로 다음 날, 미국은 즉시 일본에 전쟁을 선포했어요. 며칠 뒤에는 일본과 동맹인 독일과 이탈리아가 미국에 선전 포고를 했지요. 독일의 폴란드 침공으로 시작된 제2차 세계 대전의 전선이 일본이 일으킨 태평양 전쟁으로 아시아, 태평양 지역까지 확대된 거예요.

일본의 야심과 미국의 반격

일본은 왜 미국이 참전할 수 있는데도 진주만 공습을 감행했을까요? 당시 일본은 동남아시아에 눈독을 들이고 있었어요. 나치 독일이 유럽을 휩쓸고 있는 틈을 타 프랑스, 네덜란드 등이 점령한 아시아 식민지를 손에 넣겠다는 계획이었죠. 하지만 일본의 계획은 미국 때문에 어그러졌어요.

사실 진주만 공습 전까지 미국은 제2차 세계 대전에 끼어들고 있지 않았어요. 맨해튼 프로젝트를 진행하긴 했지만, 연합국에 무기를 제공하거나 추축국인 일본에 석유 등의 전쟁 물자 수출을 금지하는 정도의 견제를 하고 있었지요.

미국은 또 전쟁 특수를 누리고 있었군.

일본은 미국의 규제 때문에 아시아 식민지를 차지하겠다는 야심을 채울 수가 없었어요. 특히 석유 수출 규제가 걸림돌이

었어요. 연료인 석유 없이는 전쟁을 계속하기가 힘드니까요. 일본은 인도네시아에 있는 유전부터 확보하기로 마음먹었어요. 하지만 이것도 할 수 없었어요. 태평양 일대는 강력한 미국의 함대가 떡하니 버티고 있었기 때문이에요.

  일본은 진주만을 공격해 미국의 최정예 함대인 태평양 함대부터 전멸시키려고 했어요. 기습하면 승산이 있다고 본 거죠. 결국 진주만 공습 작전은 성공했고 일본은 무서운 기세로 아시아·태평양 지역을 점령해 나갔어요. 진주만 공습과 동시에 말레이시아를 공격하고 그 후 싱가포르, 인도네시아, 필리핀을 침공했어요. 계획대로 유전도 차지했지요.

  일본은 계속되는 승리에 우쭐했어요. 이참에 미국을 확실하게 제압하고 태평양에서 주도권을 차지하기 위해 1942년 6월

또다시 미국을 공격했어요. 하와이 북서쪽에 있는 미드웨이섬으로 대규모 함대를 보낸 거예요. 미국은 일본의 공격 계획을 알아채자 곧장 폭격기를 보냈어요. 그리고 일본 함대를 급습해 승리를 거두었지요.

미드웨이 해전 이후로 태평양 전쟁의 주도권은 미국으로 완전히 넘어갔어요. 하지만 일본은 포기하지 않았어요. 항복을 큰 수치로 여겼던 일본은 죽기 살기로 전쟁에 매달렸어요. 1944년 무렵에는 사람을 폭탄으로 사용하는 가미카제 전술까지 썼죠.

> **가미카제**
> 제2차 세계 대전 때 폭탄이 장착된 비행기를 몰고 자살 공격을 한 일본군 특공대를 말한다.

미드웨이 해전 이후 많은 조종사를 잃었던 일본은 제대로 훈련을 받지 못한 어린 조종사들을 전쟁터로 내보냈어요. 어린 조종사들이 할 수 있는 작전은 폭탄을 실은 비행기를 적진으로 몰고 가 미국의 항공 모함이나 전함에 들이받는 거였어요. 오직 자폭 공격을 위해 떠나는 비행기에는 바퀴가 없었어요. 한 번 출동하면 다시 돌아올 일이 없으니 착륙할 때 사용하는 바퀴를 달 필요가 없었던 거예요.

일본에서는 가미카제 특공대원을 나라를 위해 명예롭게 죽은 영웅으로 묘사해요. 하지만 그건 사실과 달라요. 가미카제 특공대원을 목격한 사람들은 당시 상황을 이렇게 묘사하기도 했어요.

"그들은 도살장에 끌려온 양과 같았다. 두려움 때문에 서 있을 수조차 없었던 사람을 비행기에 억지로 밀어 넣기도 했다."

일본은 전쟁을 포기하지 않고 사람을 소모품처럼 취급했어요. 그 바람에

가미카제 특공대원들 ↑

수많은 병사들이 목숨을 잃었고, 이런 무모한 자폭 공격에 미국도 큰 피해를 입었어요.

전쟁을 끝낸 원자 폭탄

전세가 완전히 기울었는데도 일본의 저항은 계속됐어요. 미국은 전쟁을 빨리 끝내기 위해 일본 본토를 직접 공격하기로 했어요. 1945년 3월, 일본의 수도 도쿄에 무차별적인 폭격을 가했지요. 도쿄 대공습으로 10만 명이 넘는 사람이 목숨을 잃었고, 도쿄는 잿더미가 돼 버렸어요.

미국은 일본에게 무조건적인 항복을 요구했지만, 일본은 끝

까지 버텼어요. 결국 미국은 전쟁을 끝내기 위해 중대한 결정을 내렸어요. 불과 며칠 전에 실험을 마치고 개발에 성공한 원자 폭탄을 사용하기로 한 거예요!

1945년 8월 6일, 서태평양 티니언섬에서 미국의 비행기인 에놀라 게이호가 출발했어요. 그 안에는 길이 3미터, 무게 약 4톤의 원자 폭탄이 실려 있었어요. 원자 폭탄의 이름은 '리틀보이', 우리말로 꼬마라는 뜻이지요.

에놀라 게이호는 일본 히로시마를 향해 전속력으로 날아갔어요. 그리고 오전 8시 14분, 역사상 최초의 원자 폭탄 리틀보이가 히로시마 상공 580미터 지점에서 투하됐어요. 한낮의 태양보다 밝은 빛이 히로시마 전역을 삼켰고, 뜨거운 화염 폭풍 사이로 거대한 버섯구름이 솟아올랐어요.

↑ 에놀라 게이호에서 본 원자 폭탄의 버섯구름

조금 전까지만 해도 전차가 다니고 학교와 집, 공장과 가게가 있었던 평범한 도시는 한순간 지구상에서 사라져 버렸어요. 무려 7만 명이나 되는 사람이 그 자리에서 목숨을 잃었고요. 미국은 일본에 원자 폭탄을 떨어뜨렸다는 사실을 전 세계에 발표하며 일본에게 이렇게 경고했어요.

"일본이 항복하지 않는다면 지구에서 한 번도 보지 못한 파괴의 비가 내리는 걸 보게 될 것이다."

미국의 경고에도 일본은 항복하지 않았어요. 그러자 미국은 사흘 뒤 또 하나의 원자 폭탄을 나가사키에 떨어뜨렸어요. 이번엔 '팻맨', 즉 뚱보라는 이름의 원자 폭탄이었어요. 나가사키 역시 한순간에 폐허로 변했죠. 원자 폭탄의 위력에 충격을 받은 일본은 1945년 8월 15일 무조건 항복을 선언했답니다.

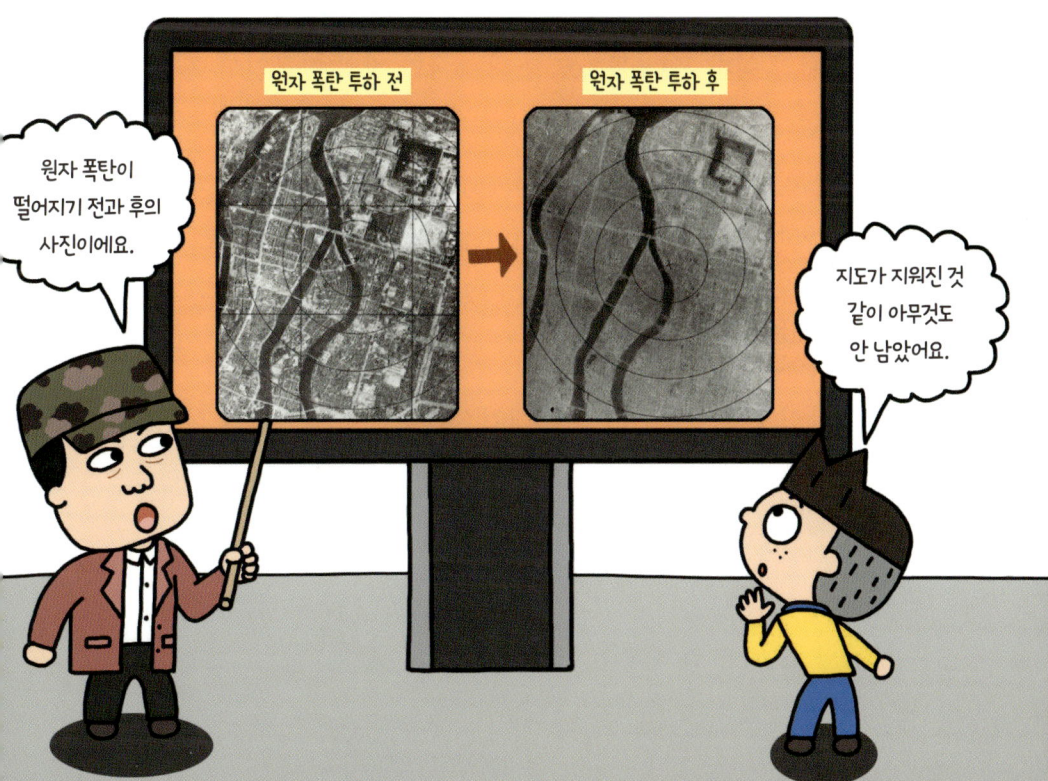

원자 폭탄의 피해와 얄타 회담

원자 폭탄은 일본의 항복을 이끌어 내고 제2차 세계 대전을 완전히 끝냈어요. 하지만 사람들은 원자 폭탄이 인류의 존재 자체를 위협하는 역사상 가장 무자비한 대량 살상 무기라는 점도 알게 되었어요.

원자 폭탄을 꼭 사용했어야 하는지에 대해서는 지금도 논란이 많아요. 한쪽에서는 전쟁을 더 빨리 끝내기 위해 사용할 수밖에 없었다고 말하고, 다른 쪽에서는 일본의 항복은 시간문제였던 상황에서 수십만의 무고한 사람들만 희생시켰다고 말해요. 그리고 그중에는 우리나라 사람도 있었어요.

두 번의 원자 폭탄 투하로 인해 총 4만 명의 한국인이 목숨을 잃었다고 해요. 왜 이렇게 많은 한국인이 피해를 입었을까요? 당시 우리나라는 일제 강점기였어요. 산업 도시였던 히로시마, 나가사키에 강제로 끌려와 군대나 군수 공장에서 일하는 한국인 노동자가 많았던 거지요.

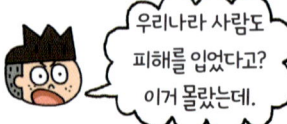
우리나라 사람도 피해를 입었다고? 이거 몰랐는데.

한국인은 원자 폭탄 투하로 직접적인 피해를 입은 것은 물론이고, 그 이후에 또 다른 이유로 피해자가 발생하기도 했어요. 여기서 퀴즈!

Q 두 차례 원자 폭탄이 투하된 이후, 한국인 노동자들의 피해가 크게 늘어난 이유는 무엇일까요?

화가 나서 한국인 노동자에게 분풀이를 했나?

강제로 끌려와서 일하느라 건강 상태가 안 좋은데, 방사능에 노출되어서 그런 거 아닐까?

건강 상태 영향도 있겠지만, 그보다 원자 폭탄이 투하된 이후 일본이 이들에게 어떤 일을 시켰기 때문이에요.

설마 잿더미가 된 도시를 복구하는 데 우리나라 사람들을 이용한 거예요?

정답! 일본은 도시를 복구하고 이런저런 사후 처리를 하기 위해 한국인 노동자들을 동원했어요. 한국인들은 아무런 보호 장비 없이 원자 폭탄 투하 지역에 들어가 청소 등의 일을 해야 했어요. 그러다 보니 피해자가 늘어날 수밖에 없었죠.

원자 폭탄 투하로 수많은 희생자를 낳은 채 제2차 세계 대전은 끝이 났어요. 이제 승전국들은 전후 처리를 하고 새로운 질서를 짤 일만 남았죠. 그런데 이 과정에서 우리 민족은 시련을 맞닥뜨려요. 잠시 그 이야기를 해 줄게요.

전쟁이 막바지로 치닫던 1945년 2월, 미국, 영국, 소련의 지도자들이 크림반도의 얄타에서 회담을 가졌어요. 얄타 회담에서 미국은 일본과의 태평양 전쟁에 소련을 끌어들였어요. 죽기 살기로 전쟁하는 일본을 소련이 같이 상대해 주길 원한 거예요. 그래서 소련을 이렇게 꼬드겼어요.

"참전하면, 러일 전쟁 때 일본에 빼앗겼던 너희 땅을 돌려받게 해 주겠소."

소련은 솔깃하여 참전을 약속했지만, 차일피일 미뤘어요. 그러다 미국이 8월 6일 히로시마에 원자 폭탄을 떨어뜨리자 부랴부랴 8월 8일에 선전 포고를 했어요. 이대로 미국이 승리하면, 소련은 한 일이 없으니 땅을 돌려받지 못할 테니까요.

선전 포고 후 소련은 무서운 기세로 남쪽으로 내려왔어요. 그리고 일본이 점령하고 있던 만주를 공략해 승리하고, 한반도 북부로 진격했죠. 소련이 한반도에 주둔한 일본군을 빠르게 몰아내고 있는 사이에 미국

소련이 뒤늦게 참전해서 한반도에서 일본을 밀어붙인 거네.

은 또 원자 폭탄을 나가사키에 떨어뜨렸어요. 그 결과로 일본은 항복을 선언한 거랍니다.

전쟁은 끝났지만, 미국과 소련은 계산이 복잡했어요. 소련이 막판에 참전해 남하하면서 한반도 전체를 소련이 차지할 상황이 됐거든요. 당황한 미국은 소련에 긴급하게 제안을 했어요. 지도를 펴고 직선을 쭉 그은 다음 한반도를 남과 북으로 나눠 분할 통치하자고 제안한 거예요. 이때 그은 선이 북위 38도 위선을 기준으로 설정한 경계선인 '삼팔선'이에요.

소련은 한반도를 나눠 가지자는 미국의 제안을 받아들였어요. 이로써 한반도는 남북으로 나뉘어 서로 다른 정부가 들어섰고, 지금까지 우리나라는 지구상에서 유일한 분단 국가로 남아 있게 됐지요.

냉전의 시작

우리는 지금 막 베를린에 도착했습니다. 그런데 분위기가 좀 묘하죠? 여기는 베를린의 '체크포인트 찰리'라는 곳입니다. 독일의 분단과 냉전 시대를 상징하는 대표적인 장소예요.

제2차 세계 대전이 끝난 후 미국과 소련, 영국, 프랑스는 독일을 나눠서 점령했어요. 이때 독일의 수도인 베를린 역시 동과 서로 나뉘게 된답니다. 이후 미국과 소련이 살벌하게 대립하는 냉전 시대가 본격적으로 시작되었고, 동서 베를린 사이에는 두꺼운 콘크리트 담벼락까지 세워졌어요. 이 담벼락이 베를린 장벽이지요.

체크포인트 찰리는 베를린 장벽이 생긴 후 외교관, 군인, 기자 등 극히 일부의 사람들만 드나들 수 있었던 검문소였어요. 저기 보이는 사진 속의 군인은 소련군이고 서독을 지켜보고

베를린 장벽 ↑

있어요. 그 반대쪽에는 동독을 지켜보는 미군 사진도 있답니다. 소련과 미국이 서로를 감시하는 검문소의 분위기가 느껴지죠. 그런데 여러분, 제2차 세계 대전 때 독일에 맞서 함께 싸웠던 두 나라는 어쩌다가 이렇게 냉랭해졌을까요? 지금부터 미국과 소련이 힘겨루기를 벌였던 냉전 시대 이야기를 시작해 볼게요.

냉전 시대의 시작

냉전 시대는 제2차 세계 대전이 끝난 후 미국을 중심으로 한 자본주의 세력과 소련을 중심으로 한 공산주의 세력이 치열하게 대립했던 시대예요. 무기만 사용하지 않을 뿐 전쟁과 다름없는 냉랭한 긴장 상태와 갈등, 대결 구도가 이어진다는 점에서 차가운 전쟁, 즉 냉전이라고 부르지요.

제2차 세계 대전 당시 미국과 소련은 서로 동맹을 맺고 연합국으로 활동했어요. 서로 이념은 달랐지만 히틀러와 나치 독일이라는 공공의 적을 물리치기 위해 손을 맞잡은 거지요. 미국의 대통령 루스벨트는 독일이 소련을 침공하자 소련을 돕기 위해 어마어마한 물자를 지원했고, 소련의 지도자였던 스탈린은 총을 들 수 있는 사람이라면 남녀 가리지 않고 모두 전선으로 보내 연합국이 승리하는 데 힘을 보탰답니다.

1945년 2월에 열린 얄타 회담에서 연합국인 미국, 영국, 소련은 독일을 분할 점령하기로 약속했어요. 하지만 독일의 패전으로 해방된 폴란드를 두고 소련과 영국의 의견이 갈렸어요.

영국은 폴란드와 동맹국였기 때문에 관계를 유지하고 싶었고, 소련은 국경을 맞댄 폴란드를 자기 영향권 아래 두고 싶었죠. 두 나라가 각자 자기와 친한 정부가 폴란드에 들어서길 바란 거예요. 이 문제는 결국 폴란드 국민의 뜻에 따라 자유 선거로 결정한다는 원칙에 합의하는 것으로 마무리됐어요. 작은 갈등은 있었지만, 그래도 이때까지만 해도 연합국들 사이에는 큰 문제가 없었어요.

미국과 소련의 관계에 영향을 미치는 큰 변화는 종전 직전인 1945년 7월 26일에 열린 포츠담 회담에서 생겼어요. 불과 5개월 사이에 미국과 영국의 지도자가 바뀐 거예요. 얄타 회담과 같은 지도자가 나온 나라는 소련뿐이었어요.

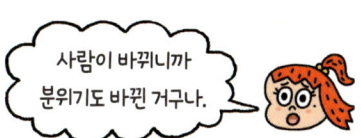
사람이 바뀌니까 분위기도 바뀐 거구나.

지도자가 바뀌자 회담의 분위기도 완전히 바뀌었어요. 미국의 새 대통령 트루먼은 스탈린을 적대시했어요. 영국의 새 총리 애틀리도 스탈린을 못마땅하게 봤어요. 애틀리는 스탈린이 폴란드를 가지려 한다는 의심을 가졌거든요. 이런 관계의 변화는 결국 전 세계를 극도의 긴장 상태로 몰아넣은 냉전으로 이어졌어요.

독일의 분할 점령과 미국과 소련의 영역 경쟁

제2차 세계 대전이 끝난 후, 승전국들은 얄타 회담 등에서 합의한 대로 독일을 쪼개서 관리하기 시작했어요. 독일의 동부는 소련, 독일의 서부는 영국과 프랑스, 미국이 나눠서 통치했지요.

소련이 점령한 동부에 속해 있던 수도 베를린 역시 네 지역으로 나눠서 다스렸어요. 베를린은 독일의 심장부나 마찬가지였기 때문에 소련이 단독으로 차지하는 걸 나머지 세 나라가 반대했기 때문이에요.

한편 소련은 동부 독일은 물론 주변의 국가들에 공산주의 정부가 들어서도록 도왔어요. 소련은 제2차 세계 대전으로 큰 피해를 입었어요. 그래서 동유럽 국가들을 자기편으로 끌어들여 서유럽 국가

↑ 독일의 분할 점령

들과 전쟁이 날 경우 완충 지대로 삼을 생각이었던 거지요.

소련이 동유럽 국가를 자기편으로 만드는 시도를 계속하자, 미국, 영국, 프랑스는 소련의 공산주의가 동부 독일을 넘어 유럽을 물들일까 봐 불안했어요. 그런 가운데 영국의 전 총리 처칠이 소련의 세력 확장을 경계하며 이런 연설을 했어요.

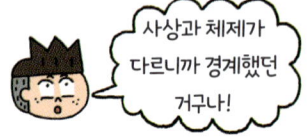
사상과 체제가 다르니까 경계했던 거구나!

"발트해와 지중해까지 유럽 대륙에 '철의 장막'이 드리워졌습니다! 이 장막 뒤에 있는 유명한 도시는 모두 소련의 세력권에 있으며 소련의 통제를 받고 있습니다!"

강철로 된 장막이 쳐져 있으면 그 뒤에서 무엇을 하는지 하나도 안 보이겠죠? 처칠은 비밀스럽게 동유럽에 공산주의를 확산시키는 소련의 움직임을 '철의 장막'을 쳤다고 표현하며 강력하게 비판했어요.

처칠의 짐작대로 동유럽 대부분의 국가에 소련과 친한 공산주의 정부가 들어섰어요. 1947년 1월에는 소련이 주도한 선거를 통해 폴란드에서도 공산주의 정부가 들어섰지요. 소련의 영향력이 점점 커지자, 1947년 3월 미국의 대통령 트루먼이 이런 선언을 했어요.

"우리는 공산주의 세력이 퍼지는 것을 막고 자유와 독립을 지켜 내겠습니다!"

미국이 소련 중심의 공산주의 세력에 맞서겠다고 공식적으로 선포한 거예요. 쉽게 말해 이제부터 미국은 소련을 적으로 생각하겠다는 말이에요. 당시 미국의 대통령 트루먼이 내세운 이런 외교 정책을 트루먼 독트린이라 해요. 이로써 자본주의 진영과 공산주의 진영이 팽팽하게 대립하는 냉전의 시대가 본격적으로 열렸어요.

독트린
국제 사회에서 한 나라가 공식적으로 내세우는 정책상의 원칙을 말한다.

미국은 유럽에 공산주의 국가가 느는 걸 막기 위해 군사적·경제적 지원을 아끼지 않았어요. 대규모 원조를 통해 유럽 경제를 다시 일으켜 세우겠다는 '마셜 계획'도 실시했어요. 전쟁

이후 경제가 어려운 나라들에 공산주의 정권이 들어서는 걸 막기 위해서였지요.

소련은 마셜 계획에 대항해 동유럽 국가들의 경제 발전을 돕는 '몰로토프 계획'을 실시했어요. 동유럽의 국가들이 미국의 원조에 의존하는 것을 막고 정치적·경제적으로 더욱 긴밀한 관계를 맺기 위한 조치였어요.

미국과 소련이 경쟁적으로 경제 지원을 하면서 유럽 대륙은 미국의 자본주의, 소련의 공산주의에 영향을 받는 나라로 갈라졌어요. 미국과 소련의 팽팽한 경쟁은 각각 군사 동맹 기구를 만드는 것으로도 이어졌어요. 미국은 북대서양 조약 기구(NATO), 소련은 바르샤바 조약 기구(WTO)를 만들었죠. 체제 경쟁이 군사 대립으로까지 이어진 거예요.

분위기가 점점 험악해지는데?

점점 고조되는 영역 경쟁 속에 소련은 1948년 6월 베를린을 봉쇄해 버렸어요. 미국, 영국, 프랑스가 독일을 자본주의 국가로 만들려 한다고 생각했기 때문이에요.

당시 서부 독일은 미국의 원조를 받아 전쟁으로 부서졌던 건물과 공장이 다시 들어서고 경제가 빠른 속도로 회복되었어요. 하지만 소련이 점령하고 있는 동부 독일은 여전히 경제적으로 큰 어려움을 겪고 있었지요. 베를린도 마찬가지였어요.

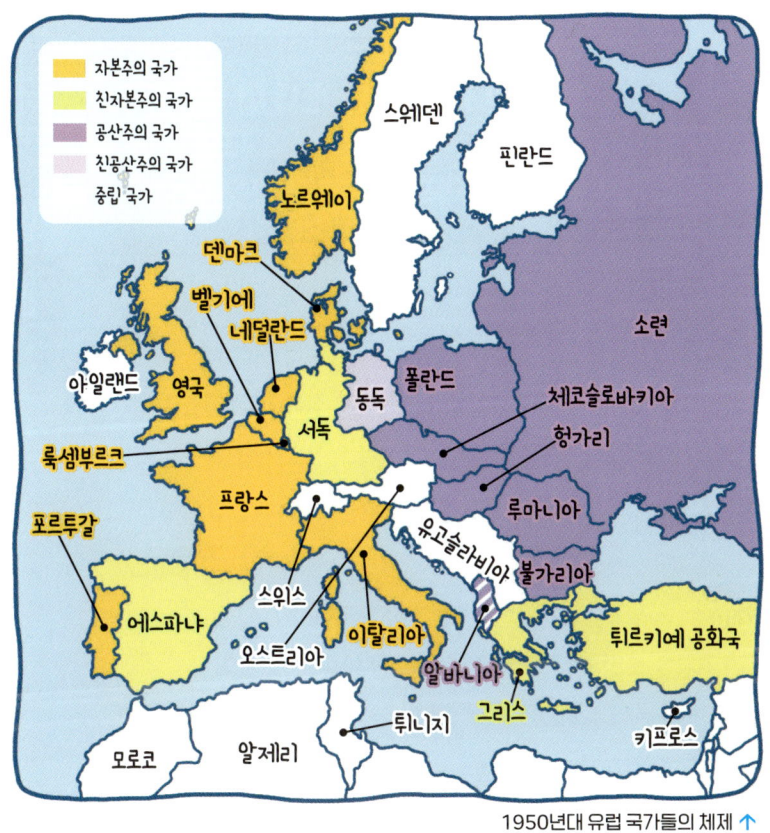

1950년대 유럽 국가들의 체제 ↑

 동부와 서부, 동베를린과 서베를린의 격차가 점점 벌어지자 소련은 독일에 자본주의가 자리 잡을까 불안했던 거예요.
 베를린 봉쇄로 미국, 영국, 프랑스가 점령하고 있던 지역은 섬처럼 고립되었어요. 미국, 영국, 프랑스로부터 들어왔던 물자뿐 아니라 전기, 수도까지 끊겼죠. 여기서 퀴즈!

Q 베를린 봉쇄 상황에서 미국, 영국, 프랑스는 서베를린 지역 사람들에게 어떻게 물자를 공급했을까요?

몰래 위장하지 않았을까? 경비병인 척하고 통과하는 거지!

영화를 너무 많이 봤네. 그것보다는 땅굴을 파는 건 어때?

땅굴을 파려면 너무 오래 걸릴 것 같아. 또 땅굴에서 나오다 경비병이랑 마주칠 수도 있고.

땅에서 소련과 부딪치지 않으려면, 혹시 하늘?

아하! 바로 하늘에서 비행기로 떨어뜨렸어요!

정답! 소련이 베를린을 봉쇄하자 미국과 영국 등의 서방 연합국은 대규모 항공 물자 수송 작전을 펼쳐 베를린에 생필품을 공급했어요. 베를린 봉쇄 약 1년 동안 서방 연합국의 수송기로 무려 20만 번 이상 서베를린에 식량과 옷, 연료, 기계 등의 생활필수품을 실어 날랐어요.

소련은 베를린을 봉쇄하면 미국과 영국, 프랑스 등 서유럽 나라들이 서베를린을 포기할 거라고 생각했어요. 하지만 이들은 오히려 똘똘 뭉쳐서 이 위기를 잘 넘겼답니다. 그러자 오히려 소련이 곤경에 빠졌어요. 세계의 여론만 계속 나빠졌거든요.

서베를린에 물자를 떨어뜨리는 수송기 ↑

결국 소련은 1949년 5월 베를린 봉쇄를 풀 수밖에 없었어요. 이후 미국, 영국, 프랑스가 점령한 서부와 소련이 점령한 동부에 각각 다른 체제의 정부가 들어서면서 독일은 서독과 동독으로 완전히 둘로 나뉘었어요. 독일도 우리나라처럼 분단국가가 된 거예요.

이후 동독의 사람들이 소련 체제를 견디지 못해 서독으로 탈출하는 일이 자주 일어났어요. 그러자 이를 막기 위해 1961년에 베를린 장벽을 쌓아 올리고 무장 병력까지 배치했어요. 그럼에도 불구하고 동독을 탈출하려는 사람들의 시도는 계속 이어졌고, 그 과정에서 많은 사람이 목숨을 잃기도 했어요.

6·25 전쟁의 발발과 냉전의 확대

미국 중심의 자본주의 체제와 소련 중심의 공산주의 체제가 극도의 긴장 상태 속에서 대립하는 상황은 전 세계로 퍼져 나갔어요. 그 영향으로 세계 여러 곳에서 냉전이 아니라 실제 무기를 이용해 싸우는 전쟁, 즉 열전이 벌어지기도 했어요. 냉전 시대 최초의 열전이 바로 6·25 전쟁이었어요.

> **6·25 전쟁**
> 삼팔선으로 남북을 나눠 미국과 소련이 점령한 한국에서, 1950년 북한이 남한을 침공하여 일어난 전쟁. 한국 전쟁이라고도 한다.

한국은 미국과 소련에 의해 남한에는 자본주의, 북한에는 공산주의 정부가 들어서 있었어요. 6·25 전쟁은 두 진영 사이의 대결이 되었고, 3년간 싸우다 휴전을 맺으며 끝이 났지요. 이후 미국과 소련 사이 긴장감은 더욱 팽팽해졌어요.

↑ 6·25 전쟁 휴전 협정 모습

미국과 소련의 대립으로 인한 전쟁은 6·25 전쟁만이 아니었어요. 1960년에 일어난 베트남 전쟁, 1973년에 일어난 아랍-이스라엘 전쟁도 두 나라의 지원을 받은 세력 간의 전쟁이었어요. 두 나라의 이념 차이에서 비롯된 냉전이 전 세계 곳곳에 분열을 일으킨 거라고 볼 수 있어요.

이런 상황이 계속 이어지자 전 세계는 제3차 세계 대전이 일어날지도 모른다는 불안감과 공포감에 휩싸였어요. 만약에 핵무기를 가진 두 나라가 직접 맞붙는다면 이번엔 정말 돌이킬 수 없는 엄청난 재앙이 발생할 수도 있기 때문이에요.

실제로 미국과 소련이 핵전쟁 일보 직전까지 대치했던 순간이 있었어요. 냉전 시대를 통틀어 가장 위험했던 순간, 전 세계를 제3차 세계 대전의 공포에 빠뜨렸던 사건은 쿠바에서 발생했어요. 이 이야기는 쿠바에서 이어 가 보도록 하겠습니다.

# 4장 제3차 세계 대전의 위기

자, 드디어 이번 세계사 여행의 마지막 여행지 쿠바에 도착했습니다! 쿠바는 중앙아메리카 카리브해에 있는 섬나라입니다. 카리브해에 있는 만큼 어느 곳을 가더라도 아름다운 바다 풍경을 볼 수 있는 나라죠. 쿠바를 '카리브해의 진주'라고 부르는 데에는 다 이유가 있답니다.

쿠바 하면 춤과 노래도 빼놓을 수 없어요. 미국의 재즈와 에스파냐의 민속 음악, 브라질의 보사노바 등 세계 여러 나라의 음악이 더해지면서 살사와 룸바, 맘보 등 다양한 쿠바 음악이 탄생했지요. 쿠바의 수도 아바나를 걷다 보면 어디서든 이런 음악에 맞춰 춤을 추는 사람들을 볼 수 있을 거예요.

쿠바는 아메리카 대륙 최초의 공산주의 국가이기도 해요. 1959년 1월, 피델 카스트로와 체 게바라는 3년간의 무장 투쟁 끝에 혁명을 일으켰어요. 미국과 가까운 관계를 유지했던 독재자 바티스타를 내쫓고 공산주의 정권을 수립한 거예요.

이후 쿠바는 소련과의 관

체 게바라와 피델 카스트로 ↑

계를 돈독히 하며 미국의 심기를 건드리게 되죠. 그리고 전 세계를 핵전쟁의 공포 속으로 밀어넣는 상황이 오게 됩니다. 미국의 땅끝 마을이라 불리는 키웨스트에서 불과 145킬로미터 떨어져 있는 쿠바에서 대체 무슨 일이 있었던 걸까요?

핵 개발 경쟁

본격적인 냉전 시대에 접어든 미국과 소련은 치열하게 대립했어요. 자신들의 체제를 안정적으로 유지하기 위해 다른 나라에 막대한 돈을 지원하며 영역 경쟁을 벌였고, 스파이를 활용해 상대의 정보를 캐내기도 했지요. 또 다른 나라를 내세워 대신 전쟁을 치르게 하기도 했어요. 이렇게 두 나라가 대립하면서 위험한 경쟁도 하게 되었는데요. 바로 핵 개발 경쟁이었어요.

1949년 8월, 소련은 미국에 이어 4년 만에 핵 실험에 성공하며 원자 폭탄 보유국이 되었어요. 미국은 소련이 원자 폭탄을 개발하는 데 최소한 10년은 걸릴 거라고 예상했어요. 하지만 소련의 스파이가 미국의 핵 개발 정보를 빼낸 덕분에 소련은 예상보다 훨씬 더 빨리 원자 폭탄 개발에 성공했지요. 그러자 미국의 대통령 트루먼은 중대한 발표를 했답니다.

냉전 시대에 활약한 스파이들을 소개할게요.

미국의 맨해튼 프로젝트에도 참여했던 독일 출신의 물리학자 클라우스 푹스는 원자 폭탄 실험의 정보를 소련에 넘겼어요. 덕분에 소련은 4년 만에 핵 개발을 했어요.

한 국가가 핵을 독점하는 건 위험하지요.

수고 했소.

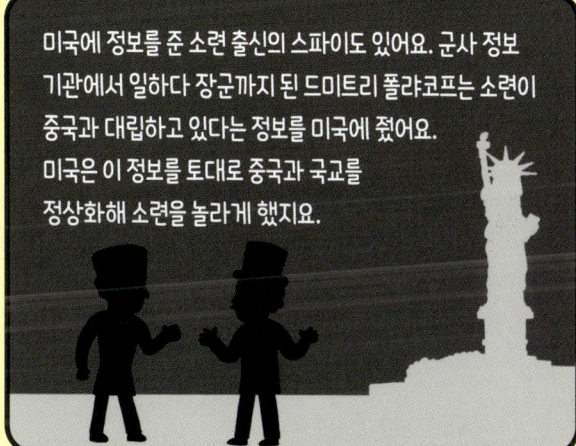
미국에 정보를 준 소련 출신의 스파이도 있어요. 군사 정보 기관에서 일하다 장군까지 된 드미트리 폴랴코프는 소련이 중국과 대립하고 있다는 정보를 미국에 줬어요. 미국은 이 정보를 토대로 중국과 국교를 정상화해 소련을 놀라게 했지요.

신분을 감추고 활약하는 스파이들은 임무를 수행하기 위해 비밀 무기를 썼어요.

아무도 모르겠지?

스파이는 다양한 무기를 사용해 아무도 모르게 정보를 빼냈어요. 또 자신들의 체제에 방해되는 인물을 제거하기도 했답니다.

감시 대상
손목시계 녹음기
도청 장치 달린 구두
단추 카메라
독침 달린 우산
통나무 위장 도청기

"미국은 지금의 원자 폭탄보다 훨씬 강력한 슈퍼 폭탄을 개발할 것입니다."

사람들은 어떻게 원자 폭탄보다 더 센 무기가 있을 수 있냐며 믿지 않았어요. 하지만 2년 후 미국은 히로시마에 떨어뜨렸던 원자 폭탄보다 700배나 강력한 수소 폭탄을 만드는 데 성공했답니다. 수소 폭탄 '아이비 마이크' 실험은 태평양의 한 산호섬에서 진행되었는데, 실험 이후에 섬에 커다란 구멍이 뻥 뚫릴 정도로 위력이 굉장했어요.

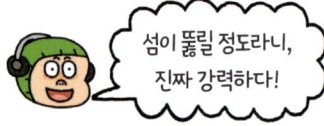
섬이 뚫릴 정도라니, 진짜 강력하다!

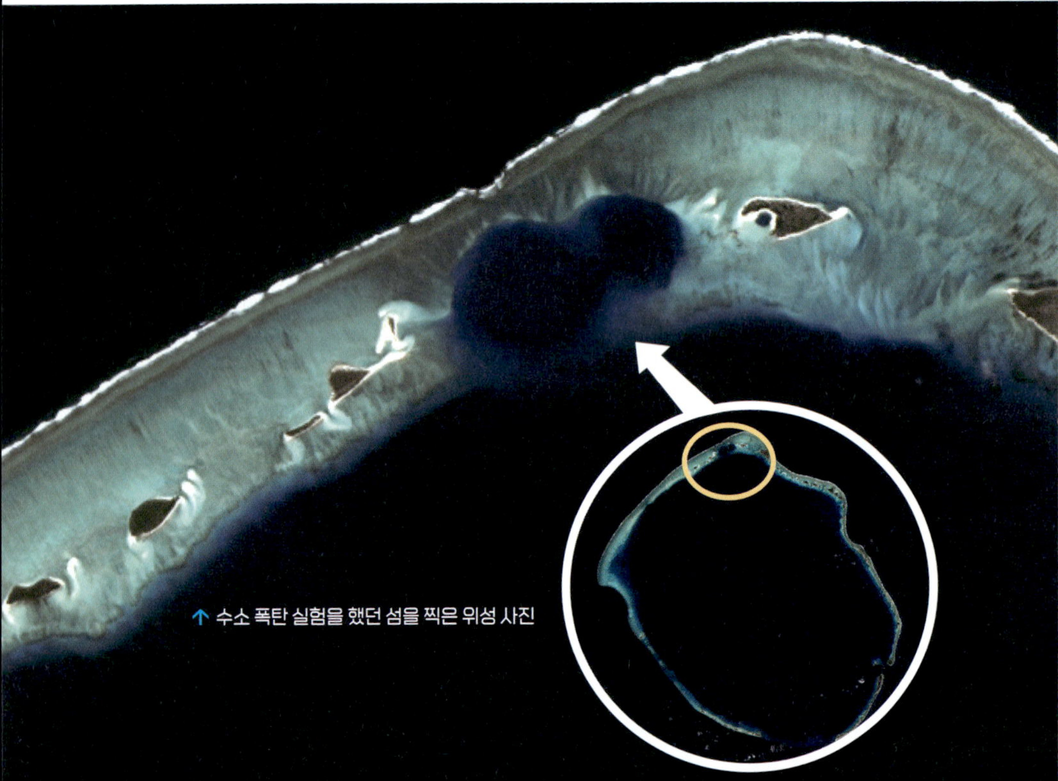

↑ 수소 폭탄 실험을 했던 섬을 찍은 위성 사진

소련도 미국이 수소폭탄을 개발한 지 약 1년 후에 수소 폭탄을 만드는 데 성공했어요. 그러자 미국은 다시 더 강력한 수소 폭탄을 만들었지요. 이렇게 미국이 강

스푸트니크 1호 복제품

력한 무기를 만들면 소련이 뒤따라 만들고, 다시 미국이 더 강력한 무기를 만들었어요. 두 나라는 서로 "내가 더 강력한 무기를 갖고 있으니, 함부로 덤비지 마." 하고 으름장을 놓았던 거예요.

무기 개발 경쟁에서 미국이 항상 앞섰던 흐름은 1957년 10월 4일, 소련이 세계 최초의 인공위성 '스푸트니크 1호'를 발사하면서 한순간에 뒤집혔어요.

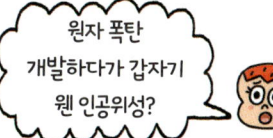

원자 폭탄 개발하다가 갑자기 웬 인공위성?

인공위성을 발사할 로켓 기술이 있다는 건 대륙을 넘어 아주 먼 거리에 있는 목표물을 직접 공격하는 미사일도 만들 수 있다는 의미예요. 원자 폭탄을 사용하려면 어쨌든 폭격기에 원자 폭탄을 싣고 적의 영토까지 날아가야 했어요. 그런데 로켓 기술이 있다면 그럴 필요가 없었어요. 미국 입장에서는 가

만히 앉아서 당할 상황이 된 거예요. 소련의 인공위성 발사로 마음이 급해진 미국은 서둘러 미항공우주국을 만들고 우주 개발 경쟁에도 본격적으로 뛰어들었답니다.

두 나라의 무기 경쟁과 우주 경쟁은 사람들에게 원자 폭탄을 아주 먼 거리에서도 쏠 수 있다는 공포심을 심어 주었어요. 그리고 이런 두려움이 전 세계를 휩쓸고 있던 무렵, 인류 역사상 가장 강력한 폭탄인 '차르 봄바'가 터졌어요.

1961년 10월 30일, 소련이 터뜨린 이 폭탄은 히로시마에 떨어뜨린 원자 폭탄의 3,333배가 넘는 엄청난 위력이었어요. 폭발할 때 생긴 버섯구름은 에베레스트산의 일곱 배인 67킬

↑ 버섯구름 높이로 비교해 본 무기들의 위력

로미터까지 치솟았지요. 이 버섯구름은 실험 장소에서 1,000킬로미터 떨어진 곳에서도 볼 수 있었다고 해요. 한반도 최북단에서 차르 봄바를 터뜨리면, 한반도 최남단에서까지 버섯구름을 볼 수 있을 정도인 거죠. 그만큼 차르 봄바의 위력은 상상을 초월했어요.

소련도 차르 봄바의 위력에 크게 놀랐어요. 사람들은 지구가 흔들릴 정도의 충격을 겪고 '계속해서 핵 개발 경쟁을 이어 나간다면 인류가 한순간에 멸망할 수 있겠구나.' 하는 생각을 하기 시작했어요.

소련과 손을 잡은 쿠바

제3차 세계 대전의 위기는 이렇게 두 나라가 서로를 향해 무력시위나 다름없는 아슬아슬한 핵 개발 경쟁을 벌이던 도중에 찾아왔답니다. 이 사건의 중심에는 미국의 대통령 존 F. 케네디와 소련의 서기장 니키타 흐루쇼프가 있었어요.

두 사람이 처음 만난 건 1961년 오스트리아 빈에서 열린 정

↑ 존.F 케네디와 니키타 흐루쇼프

상 회담 때였어요. 흐루쇼프는 40대의 젊은 나이에 이제 막 대통령이 된 케네디를 얕잡아 봤어요. 그는 첫 회담에서 매우 고압적인 태도로 케네디를 대했답니다. 이렇게 하면 회담에서 우위를 점해 미국으로부터 원하는 것을 더 많이 얻어 낼 수 있을 거라고 생각했기 때문이에요. 그는 케네디를 향해 가르치듯 이렇게 말했어요.

"자본주의가 봉건제에 승리했듯 공산주의가 자본주의에 승리하는 건 역사의 당연한 흐름입니다."

자신들의 체제가 더 우월하다는 걸 노골적으로 드러내는 말이었지요. 이에 케네디는 물러서지 않고 이렇게 받아쳤어요.

"누구나 선택의 자유를 누려야 합니다. 정치적 자유를 지지하는 게 미국의 입장입니다."

이후에도 두 사람은 계속해서 설전을 이어 나갔고, 결국 회담은 두 나라 모두 아무런 성과를 얻지 못한 채 싸늘한 분위기 속에서 끝이 나고 말았어요. 이런 상황에서 쿠바의 혁명가 피델 카스트로가 흐루쇼프에게 찾아오면서 냉전 시대 최대의 위기가 시작되었답니다.

1959년 카스트로는 미국과 친밀한 관계를 유지하던 독재자 바티스타를 몰아내고 쿠바 혁명 정부를 세웠어요. 이후 카스트로는 미국과 관련 있는 기업의 공장과 재산을 국가 소유로 돌리고, 부자들의 땅을 농민들에게 나눠 줬어요.

쿠바가 본격적으로 공산주의 정책을 펼치기 시작하자 미국은 깜짝 놀랐어요. 미국 플로리다 해안에서 불과 145킬로미터 떨어진 곳에 공산주의 정부가 들어섰으니까요. 이 상황이 몹시 불편했던 미국은 쿠바 혁명 정부를 무너뜨리기 위해 카스트로 암살 작전을 세웠어요. 하지만 작전은 실패했고 두 나라 사이는 최악의 상황으로 치달았어요.

> 암살 작전까지? 미국한테 카스트로는 눈엣가시였나 봐!

이렇게 미국이 계속해서 군사적·외교적으로 압박하자 카스트로는 재빨리 흐루쇼프를 찾아가 도움을 요청한 거예요. 흐루쇼프 입장에서는 카스트로의 요청을 거부할 이유가 없었어요. 미국을 견제할 수 있는 절호의 기회였으니까요. 흐루쇼프는 카스트로의 손을 덥석 잡았고, 식량이나 연료는 물론 무기까지 아끼지 않고 지원했어요. 또 단순히 쿠바를 지원하는 데 그치지 않고 쿠바에 미사일 기지까지 만들 생각을 했어요.

쿠바 미사일 위기

소련과 쿠바가 손을 잡았다는 소식을 들은 미국은 눈을 부릅뜨고 두 나라의 움직임을 주시했어요. 그러다 1962년 10월 14일, 하늘에서 비밀리에 쿠바를 감시하던 미국의 정찰기가 무언가 수상한 움직임을 포착했어요.

정찰기에서 촬영한 항공 사진은 즉시 케네디의 책상 위에 올라갔어요. 정찰기가 포착한 건 다름 아닌 거의 완성 단계에 있는 중거리 미사일 발사대였어요. 소련이 쿠바에 몰래 미사일 기지를 설치하고 있었던 거예요!

이 사진 한 장으로 미국은 발칵 뒤집혔어요. 미사일 기지가 완성되면 미국 북서부 끝자락을 제외한 미국 본토

↑ 쿠바 중거리 미사일 발사대 사진

전체가 미사일 사정권 안에 들어오기 때문이에요. 소련이 이곳에서 원자 폭탄을 실은 미사일을 발사하면 미국 전역은 그야말로 쑥대밭이 될 수도 있는 심각한 위기 상황이었어요.

케네디는 먼저 쿠바를 봉쇄했어요. 그리고 쿠바에 설치된 미사일을 즉시 철수하라고 소련에 강력하게 요구했어요. 10월 22일에는 TV와 라디오를 통해 소련에 최후통첩을 보냈지요.

"지난주, 우리는 쿠바에 소련의 미사일 기지가 건설되고 있다는 확실한 증거를 포착했습니다. 우리는 쿠바에서 발사되는 모든 미사일을 미국에 대한 소련의 공격으로 간주하고 전면적인 보복에 나설 것입니다!"

소련은 미국의 쿠바 봉쇄를 국제법 위반이라고 강하게 비난했어요. 그리고 쿠바로 향하는 소련 선박들에게 미국의 봉쇄를 뚫고 그대로 쿠바로 향하라는 명령도 내렸어요.

이후 며칠간 미국과 소련은 서로 강 대 강으로 맞섰어요. 어느 한쪽이 양보하지 않는다면 파국을 맞을 수 있는 긴박한 상황이었어요. 모두가 두려워했던 제3차 세계 대전이 눈앞에 다가온 순간이었죠. 이 당시 미국은 보유한 모든 핵무기를 사용할 준비를 마쳤고, 소련 역시 쿠바에 핵탄두 90기를 배치한 상황이었다고 해요.

누가 먼저 한 발이라도 발사한다면 진짜 다 끝나는 상황이잖아.

　극도의 긴장 속에서 며칠이 흘렀어요. 이때 소련의 흐루쇼프가 먼저 타협안을 제시했어요. 10월 26일, TV 뉴스를 통해 '미국이 쿠바를 침공하지 않는다고 약속하면 소련도 쿠바에 미사일 기지를 설치하지 않겠다.'고 발표한 거예요. 하지만 미국에서는 이 기회에 쿠바를 공격해 소련에 본때를 보여야 한다고 주장한 사람들도 있었어요. 핵전쟁도 불사하겠다는 의미지요.
　미국의 분위기가 심상치 않게 돌아가자 소련은 빨리 대응을 해야 했어요. 자칫하다가는 정말로 핵전쟁을 치르게 생겼으니까요. 흐루쇼프는 이틀 후에 다시 한번 케네디에게 미사일 기지 철수 의사를 밝혔어요. 미국이 튀르키예의 미사일 기지를 철수한다면 소련도 쿠바의 미사일 기지를 철수하겠다고요. 여기서 퀴즈!

Q 긴박한 상황에서 흐루쇼프는 쿠바 미사일 기지 철수 의사를 어떤 방법으로 빠르게 밝혔을까요?

 가장 빠른 건 역시 전화 아닐까요?

 사이가 안 좋을 땐 전화 안 받지 않아? 진심을 전할 때는 손 편지가 최고지!

 정성 들여 쓰려면 시간이 걸릴 거예요. 긴박한데 그러면 안 되겠죠. 그 당시 누구나 쉽고 빠르게 소식을 들을 수 있었던 매체를 떠올려 보세요.

 아, 라디오! 라디오로 발표했어요?

 정답! 라디오를 이용했어요. 양국이 외교 라인을 통해 공식적으로 의사소통하려면 상대의 말을 전하는 데에만 6~7시간이 걸렸어요. 그런데 당시는 단 몇 분 사이에 무슨 일이 일어날지 모르는 긴박한 상황이었기 때문에 라디오로 입장 발표를 한 거예요.

흐루쇼프가 미사일 기지 철수를 공식적으로 선언하자 케네디는 이를 받아들였어요. 제3차 세계 대전 직전까지 갔던 쿠바 미사일 위기가 마침내 해소된 거예요. 공포와 긴장 속에서 이 상황을 지켜보던 모든 사람은 그제야 안도의 한숨을 내쉴 수 있었어요.

이후 소련은 약속대로 쿠바에서 미사일 기지를 철수했고 미국 역시 튀르키예는 물론 이탈리아에서도 미사일 기지를 철수

↑ 부분적 핵 실험 금지 조약에 서명하는 케네디

했어요. 그리고 1963년에는 핵전쟁이 일어날 수도 있는 상황을 막기 위해 부분적으로 핵 개발을 금지하는 조약도 맺었어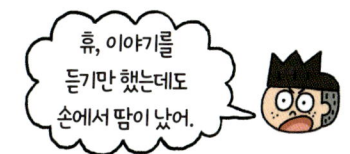
요. 지하를 제외한 모든 곳에서 원자 폭탄 실험을 금지함으로써 핵전쟁을 억제한 거예요.

　시간이 지나면서 전 세계를 꽁꽁 얼렸던 긴장 상태가 서서히 풀리기 시작했어요. 그러면서 많은 것들이 바뀌었지요. 독일을 반으로 나누었던 베를린 장벽이 무너지면서 독일은 통일을 했어요. 소련은 경제 파탄과 공화국들의 독립 요구 움직임에 해체되어 결국 1991년에 역사 속으로 사라졌고요. 이렇게 해서 길었던 냉전 시대에 마침표를 찍었답니다.

에필로그

"이번 세계사 여행은 어땠는지 소감을 한번 들어 볼까요?"
온평화 교수님이 묻자 다니엘이 가장 먼저 입을 열었어요.
"두 번의 세계 대전 모두 독일이 원인을 제공했다는 사실 때문에 부끄러웠어요. 다시는 이런 일이 일어나지 않도록 잘못을 인정하고 반성하는 게 중요하다는 생각이 들어요."
"맞습니다. '역사를 잊은 민족에게 미래는 없다.'는 말이 있지요. 가슴 아픈 역사를 되풀이하지 않기 위해서는 부끄러운 역사를 기억하고 잘못을 인정하는 태도가 정말 중요합니다. 그게 바로 평화를 유지할 수 있는 길이기도 해요."
온평화 교수님의 말이 끝나자 강하군이 말했어요.
"저는 세계 대전이 연이어 터졌다는 게 너무 화가 나요!"
"맞아, 그 무시무시한 전쟁을 겪고도 또 전쟁이라니!"
공차연도 강하군의 말에 공감했어요. 그러자 이번엔 왕봉구가 슬쩍 끼어들었답니다.
"그래도 어쨌든 제3차 세계 대전은 막았잖아. 핵전쟁이 일어났다고 생각하면 정말 아찔해!"
아이들의 대화를 듣던 온평화 교수님이 빙그레 웃으며 이렇게 덧붙였어요.
"이번 세계사 여행에서 우리는 인간의 어리석음과 슬기로움을 동시에 확인했어요. 역사를 기억하지 못하고 참혹한 전쟁을 되풀이했다는 점에서는 어리석음을, 극한의 대립 속에서도 인내심을 가지고 타협하며 결국 핵전쟁을 막았다는 점에서는 슬기로움을 엿볼 수 있었지요."

공차연이 다시 한 번 손을 번쩍 들고 이렇게 말했어요.

"다시는 어리석은 일이 반복되지 않도록 이번 세계사 여행에서 배운 것들을 꼭 기억해야겠어요."

"평화란 소중한 것! 그런 의미에서 배 속의 평화를 위해 우리 다 같이 전투 식량을 나눠 먹으면 어떨까?"

"좋아!"

공차연과 다니엘은 받은 전투 식량을 모두와 나눠 먹었어요. 왕봉구도 강하군도 좋아했고, 교수님도 흐뭇했답니다.

인류 역사상 가장 큰 비극이었던
세계 대전과 이를 계기로 시작된 냉전의 시대!
온 나라가 얽히고설킨 이번 여행은 어땠나요?

다음 히스토리 에어라인은
무시무시한 감염병의 역사 속으로 떠납니다.
지구촌을 공포에 빠뜨린 감염병의 정체를 파헤치며
감염병 시대를 어떻게 극복할지
그 해답을 찾아볼 거예요.

벌거벗은 세계사 9권에서 만나 봐요!

History Airline
역사 정보 ❶ 시대 배경 살펴보기

제1, 2차 세계 대전의 종전을 위한 주요 회담들

전쟁이 끝나면 영토나 배상금 문제, 세계 질서 재건 문제 등 처리할 문제가 많아요. 제1, 2차 세계 대전의 종전을 위해 열린 회담들을 자세히 알아보아요.

제1차 세계 대전을 끝낸 파리 강화 회의

제1차 세계 대전의 뒤처리를 위해 프랑스 파리에서 1919년 1월 18일부터 약 1년에 걸쳐 '파리 강화 회의'를 열었어요. 이 회의에서 미국과 영국, 프랑스 등의 승전국은 패전국에 전쟁의 책임을 묻고 유럽의 영토를 다시 조정하고 전쟁 이후 평화를 유지하기 위한 여러 가지 방법을 논의했어요. 그리고 그 결과에 따라 패전국에 책임을 묻는 조약 협상이 차례대로 이루어졌지요. 이 가운데 독일에게 식민지 포기, 배상금 지불 등을 약속하는 강화 조약이 바로 '베르사유 조약'이었어요.

↑ 파리 강화 회의에 참석한 미국, 영국, 프랑스, 이탈리아 대표들

제2차 세계 대전 종전을 위한 회의들

제2차 세계 대전은 전쟁이 연합국에게 유리한 방향으로 전개되는 시점부터 종전을 위한 회의가 열리기 시작했어요. 1943년 11월, 미국, 영국, 중국의 지도자는 이집트 카이로에서 회의를 열었어요. 이 회담에서 연합국은 공동으로 일본에 대응하기로 했고 일본의 영토를 어떻게 처리할지 협의했어요.

카이로 회담

제2차 세계 대전의 막바지인 1945년 2월에는 미국, 영국, 소련의 지도자가 소련 크림반도의 얄타에 모여 독일의 분할 점령에 협의했고, 소련의 태평양 전쟁 참전을 결정했어요.

얄타 회담

같은 해 7월, 전쟁이 끝나기 직전 미국과 영국, 소련의 지도자가 독일 포츠담에서 회의를 가졌어요. 독일 베를린의 분할 점령을 협의하고, 일본에 무조건 항복을 권고하는 '포츠담 선언'을 발표했어요. 하지만 일본은 이를 받아들이지 않았고, 결국 원자 폭탄이 투하된 후에야 항복했어요.

포츠담 회담

History Airline
역사 정보 ❷ 다른 눈으로 시대 보기

독일과 일본의 전쟁 범죄

제2차 세계 대전 기간에 독일과 일본은 끔찍한 전쟁 범죄를 저질렀어요. 두 나라가 저지른 전쟁 범죄는 인류에게 큰 아픔과 상처를 남겼답니다. 당시 벌어진 참상과 자국의 만행을 대하는 이들의 태도를 알아보아요.

나치 독일의 유대인 학살

나치 독일은 제2차 세계 대전 기간 중 강제 수용소를 설치해 유럽 전역에 있는 유대인 등을 끌고 와 가뒀어요. 1942년부터 1945년까지 단지 유대인이라는 이유만으로 600만 명이 총살이나 고문, 질병, 인체 실험 등으로 목숨을 잃었어요. 폴란드 남부에 설치된 아우슈비츠 강제 수용소는 나치가 저지른 유대인 학살의 상징이자 20세기 인류 최악의 전쟁 범죄 행위를 그대로 보여 주는 곳이에요. 전쟁 이후 독일의 뉘른베르크에서는 유대인 학살을 주도한 사

↓ 아우슈비츠 강제 수용소

람들을 처벌하기 위한 재판이 열렸고, 열아홉 명이 유죄 판결을 받았어요. 또한 독일은 나치의 유대인 학살과 같은 일이 다시는 일어나지 않도록 지금도 홀로코스트에 참가했거나 관련 있는 사람을 찾아 처벌하고 있답니다.

일본의 강제 징용과 생체 실험

일본 역시 제2차 세계 대전 기간에 수많은 전쟁 범죄를 저질렀어요. 우선 일본은 포로를 매우 잔인하게 대한 것으로 잘 알려져 있어요. 일본군은 제2차 세계 대전 중 아시아에서 전쟁을 벌이며 사로잡은 포로와 점령지 사람들을 이유 없이 죽이기도 했고, 교량이나 기지 건설, 탄광이나 광산, 군수 공장 노동에 강제 동원하기도 했어요. 특히 우리나라 사람들이 1939년부터 1945년까지 100만 명 이상 강제 동원됐다고 알려졌어요. 또한 여성들까지 강제로 끌고 가 '위안부'라는 이름으로 성 노예 생활을 강요하기도 했어요.

또 수천 명의 전쟁 포로와 민간인을 대상으로 각종 세균 실험과 약물 실험을 하는 부대를 운영하기도 했어요. 살아 있는 사람을 생체 실험에 동원하는 만행을 저지른 거예요. 하지만 일본은 지금까지도 이런 전쟁 범죄에 대해 제대로 된 사과를 하지 않고 외면하고 있어요.

우리나라 사람들이 끌려갔던 군함도 ↑

History Airline
역사 정보 ❸ 또 다른 역사 인물들

세계 대전 시대의 두 인물

독일의 통일을 이룬 비스마르크와 제2차 세계대전을 일으킨 히틀러. 제1, 2차 세계 대전 시대에 살았던 인물들을 소개합니다.

독일 통일의 아버지, 비스마르크 (1815년~1898년)

독일을 통일한 정치가로, 독일 제국의 첫 총리예요. 프로이센의 총리였던 비스마르크는 수십 개의 작은 나라로 이루어진 독일 연방을 통일하기 위해서는 군사력을 키워야 한다고 생각했어요. 그는 의회 연설에서 "독일의 통일은 다수결이 아니라 '철'과 '피'에 의해 결정된다."는 말을 한 것으로 유명해요. 여기서 철은 무기, 피는 병사들의 희생을 의미해요. 비스마르크의 이런 통일 정책을 바로 '철혈 정책'이라 불러요. 비스마르크는 철혈 정책을 바탕으로 군사력을 키우는 데 힘썼고, 결국 독일 통일을 이룩했답니다. 독일의 국민적 영웅이 된 비스마르크는 이후 평화 정책을 펼치며 나라를 안정시키기 위해 노력했어요. 비스마

← 오토 폰 비스마르크

르크가 총리 자리에 있던 약 40년 동안 독일과 유럽은 전례 없는 평화를 누렸어요. 하지만 1888년 새로 즉위한 빌헬름 2세와 외교 정책을 두고 갈등을 빚다 총리 자리에서 물러났어요. 이후 1914년 제1차 세계 대전이 일어났고, 독일 제국은 무너지고 말았어요.

제2차 세계 대전의 원흉, 히틀러 (1889년~1945년)

독일의 정치가이자 독재자로, 제2차 세계 대전을 일으켰어요. 1930년대 독일이 혼란스러운 틈을 타 나치당을 중심으로 독일을 장악해 독재자가 되었어요. 그는 국민들에게 제1차 세계 대전 패전으로 엉망이 된 독일의 경제를 되살리고 잃어버린 영토를 되찾겠다고 약속했어요. 그러면서 독일인들이 속한 게르만인 중심으로 뭉치자는 민족주의를 내세웠지요. 자신들의 혈통이 우월하니 다른 민족을 철저히 배척하자는 거였어요. 실제로 히틀러는 자기보다 못하다고 생각한 민족에게 영토와 자유를 빼앗은 것은 당연하다는 망상에 빠져 전 세계를 무시무시한 전쟁의 소용돌이 속으로 밀어 넣었답니다. 이 과정에서 히틀러와 나치 독일은 무려 600만 명에 이르는 유대인들을 학살하기도 했어요. 그는 제2차 세계 대전의 원흉이자 유대인 대학살을 저지른 역사상 최악의 독재자로 평가받고 있어요.

아돌프 히틀러 →

History Airline
역사 정보 ❹ 오늘날의 역사

보스니아 헤르체고비나, 독일의 오늘과 우리나라와의 관계

세계 대전을 알린 두 나라의 오늘날은 어떤 모습일까요?
제1차 세계 대전의 시작점이 되었던 보스니아 헤르체고비나와
제2차 세계 대전의 방아쇠를 당긴 독일에 대해 좀 더 알아볼까요?

보스니아 헤르체고비나

유럽의 발칸반도에 있는 나라예요. 역사적으로 발칸반도 지역은 로마 제국과 슬라브인, 오스만 제국 등 지배 세력이 수시로 바뀌며 문화와 언어, 종교가 다른 사람들이 뒤섞여 살아왔답니다. 제2차 세계 대전 이후 유고슬라비아라는 나라가 세워졌지만, 1990년대에 분리 독립을 원하는 사람들 사이에 내전이 발생해 수십만 명이 목숨을 잃었어요. 보스니아 헤르체고비나는 이 과정에서 독립한 나라예요. 우리나라와는 1995년에 처음 수교했고 우리나라에서는 자동차와 기계 부품 등을 많이 수출하고, 의류와 가구 등을 주로 수입해요.

↓ 보스니아 헤르체고비나의 수도 사라예보

History information

독일

베를린과 함부르크, 브레멘 등 세 개의 도시를 포함한 16개의 주로 구성된 연방 국가예요. 제2차 세계 대전 이후 동독과 서독으로 분단되었지만, 1950년대에 들어서면서 서독은 '라인강의 기적'으로 불릴 정도로 급속한 경제 성장을 이룩하였어요. 1990년 통일을 이뤘고, 현재 독일은 유럽에서 가장 강력한 정치적, 경제적 힘을 발휘하는 국가가 되었답니다. 지리적인 위치뿐만 아니라 다양한 방면에서 유럽을 선도하는 유럽의 리더 국가가 된 거예요. 또 독일은 기회가 있을 때마다 전쟁 범죄를 거듭 사과하며 과거사를 반성하기 위해 노력하는 나라이기도 해요.

1960~70년대 우리나라는 서독으로 광부와 간호사를 파견했어요. 광부와 간호사 파견 협정을 통해 서독은 부족한 노동력을 보충했고, 한국은 실업률을 낮추는 동시에 경제 발전에 필요한 외화를 벌어들였어요. 이를 바탕으로 우리나라의 경제는 '한강의 기적'이라 불릴 정도로 크게 성장했답니다. 서독의 '라인강의 기적'이라는 말을 본떠 그렇게 부른 거예요. 현재 독일은 정치, 경제, 무역 등 다양한 분야에서 우리나라와 활발하게 교류하고 있어요.

독일의 수도 베를린 ↓

History Airline
주제 마인드맵

세계 대전과 냉전

두 차례 세계 대전이 일어나게 된 배경과 결과, 미국과 소련이 대립한 냉전을 정리해 보아요.

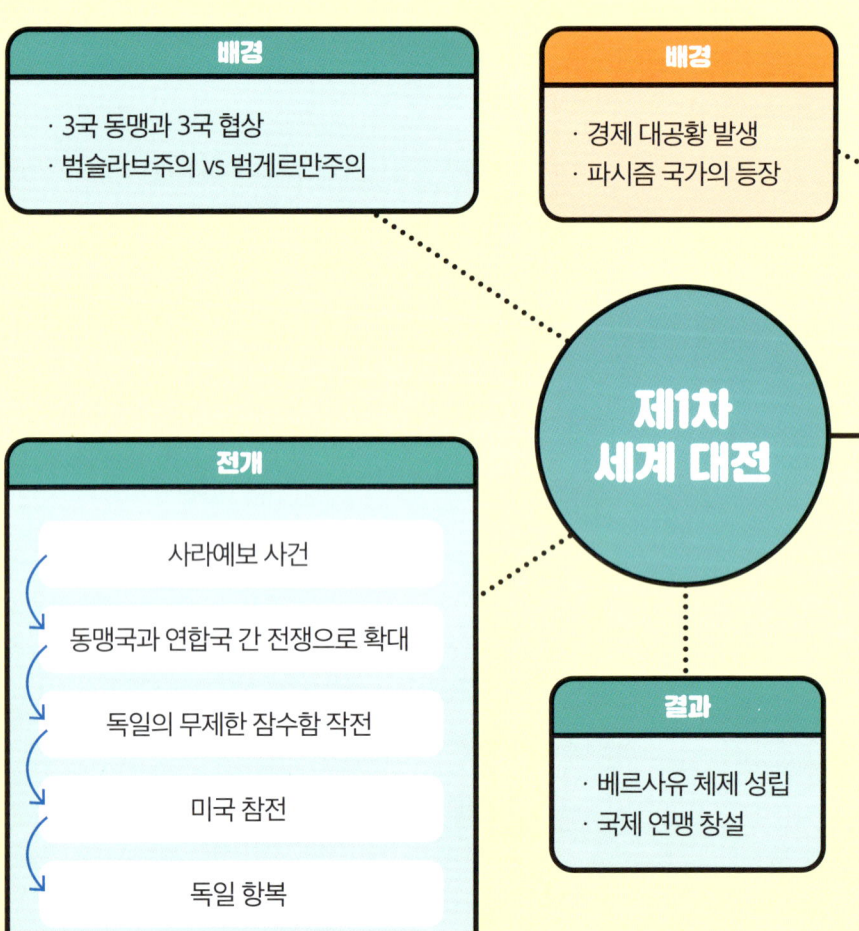

배경
- 3국 동맹과 3국 협상
- 범슬라브주의 vs 범게르만주의

배경
- 경제 대공황 발생
- 파시즘 국가의 등장

제1차 세계 대전

전개
- 사라예보 사건
- 동맹국과 연합국 간 전쟁으로 확대
- 독일의 무제한 잠수함 작전
- 미국 참전
- 독일 항복

결과
- 베르사유 체제 성립
- 국제 연맹 창설

History information

제2차 세계 대전

전개
- 추축국 결성
- 폴란드, 진주만 공격
- 이탈리아, 독일 항복
- 원자 폭탄 투하
- 일본 항복

결과
- 독일 분할 점령
- 국제 연합 창설

냉전

형성
- **트루먼 독트린**
  공산 정권 확산 방지
- **경제 원조**
  마셜 계획 vs 몰로토프 계획
- **군사 동맹**
  북대서양 조약 기구 vs 바르샤바 조약 기구

전개와 영향
- 베를린 봉쇄 → 독일 분단 → 베를린 장벽 건설
- 6·25 전쟁, 베트남 전쟁, 쿠바 미사일 위기

벌거벗은 세계사 퀴즈 제1차 세계 대전 편

 **1** 1914년 6월에 일어난 사라예보 사건에 대한 설명으로 <u>틀린</u> 것을 골라 보세요. ( )

① 오늘날 보스니아 헤르체고비나 수도에서 일어난 사건이다.

② 세르비아 청년이 오스트리아 대공 부부를 저격했다.

③ 세르비아 민족주의 단체는 슬라브 민족의 통합을 바랐다.

④ 오스트리아·헝가리 제국은 독일의 조건부 지원을 받아 세르비아에게 선전 포고를 했다.

2 제1차 세계 대전 때 등장한 신무기가 <u>아닌</u> 것을 골라 보세요. ( )

①
탱크

②
독가스

③
원자 폭탄

④
잠수함

3 다음 지도를 보고 제1차 세계 대전의 연합국과 동맹국을 알맞게 쓴 것을 골라 보세요. ( )

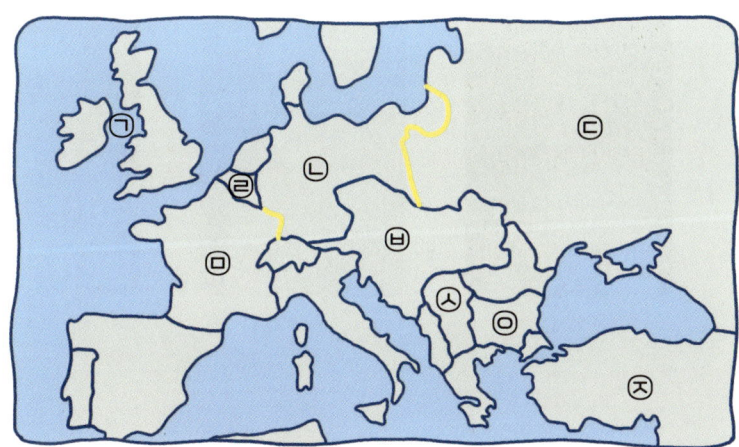

	연합국	동맹국
①	㉠, ㉡, ㉢, ㉤	㉣, ㉥, ㉦, ㉧, ㉨
②	㉠, ㉢, ㉣, ㉤, ㉦	㉡, ㉥, ㉧, ㉨
③	㉡, ㉢, ㉣, ㉤, ㉧	㉠, ㉥, ㉦, ㉨
④	㉠, ㉢, ㉤, ㉧, ㉨	㉡, ㉣, ㉥, ㉦

4 제1차 세계 대전의 뒤처리를 위해 열린 회의의 이름을 써 보세요.

벌거벗은 세계사 퀴즈 제2차 세계 대전과 냉전 편

1. 제2차 세계 대전을 일으키고, 유대인 학살을 저지른 독일의 독재자는 누구인지 골라 보세요. ( )

① 비스마르크　　② 히틀러　　③ 스탈린

2. 제2차 세계 대전에 대한 설명으로 맞지 <u>않은</u> 것을 골라 보세요. ( )

① 제2차 세계 대전은 독일이 폴란드를 침공하면서 시작됐다.

② 추축국은 독일, 이탈리아, 일본의 3국 동맹을 지지한 진영이다.

③ 일본이 진주만을 기습하면서 태평양 전쟁이 시작됐다.

④ 일본은 히로시마에 원자 폭탄이 투하되자마자 항복했다.

3 냉전 시대에 미국과 소련이 유럽 나라들을 자기편으로 끌어들이기 위해 썼던 경제 부흥 정책의 이름을 다음 초성을 보고 알아맞혀 써 보세요.

4 제3차 세계 대전의 위기와 관계 있는 인물과 설명을 알맞게 이어 보세요.

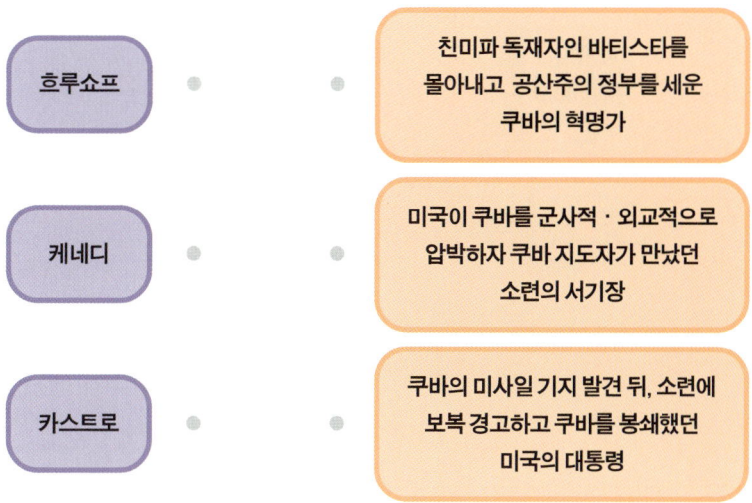

벌거벗은 세계사 퀴즈 정답

제1차 세계 대전 편

1 ④ 오스트리아·헝가리 제국은 독일의 조건부 지원을 받아 세르비아에 선전 포고를 했다.

2 ③
원자 폭탄

3 ② ㄱ, ㄷ, ㄹ, ㅁ, ㅅ / ㄴ, ㅂ, ㅇ, ㅈ

4 파리 강화 회의

제2차 세계 대전과 냉전 편

1 ②
히틀러

2 ④ 일본은 히로시마에 원자 폭탄이 투하되자마자 항복했다.

3 마셜 몰로토프

4
- 흐루쇼프 — 친미파 독재자인 바티스타를 몰아내고 공산주의 정부를 세운 쿠바의 혁명가
- 케네디 — 미국이 쿠바를 군사적·외교적으로 압박하자 쿠바 지도자가 만났던 소련의 서기장
- 카스트로 — 쿠바의 미사일 기지 발견 뒤, 소련에 보복 경고하고 쿠바를 봉쇄했던 미국의 대통령

사진 출처

8쪽 영국 건 캐리어 마크 1_위키미디어 | 10쪽 기관총 사격하는 독일군_플리커 | 20쪽 사라예보_Julian Nyča·위키미디어 | 24쪽 프란츠 폰 렌바흐 <비스마르크의 초상>_미국 월터스 미술관 | 아돌프 에밀 헤링 <독일 황제 빌헬름 2세>, 독일 하노버 주립 박물관_위키미디어 | 26쪽 사라예보 사건 삽화, 프랑스 신문 <르 프티 주르날> 1914년 7월 12일자_위키미디어 | 35쪽 마크 1_미국 의회도서관 | 37쪽 프랑스군의 독가스 살포_미국 국립문서기록관리청, 빌리 스퇴버 <리버풀에서 잠수함 U-21에 의해 침몰된 선박 린다 블랑쉬>_위키미디어 | 38쪽 킨세일 찰스포트_Chmee2·위키미디어 | 39쪽 롱 룸 도서관_Diliff·위키미디어 | 41쪽 루스티니아호 발권 광고_위키미디어 | 45쪽 '공산주의'라고 쓴 펼침막을 들고 모스크바를 행진하는 군인들_위키미디어 | 46쪽 휴전 협정 모습을 그린 그림_위키미디어 | 52쪽 포탄 공장의 여성들_위키미디어 | 56쪽 독일 베를린_Kasa Fue·위키미디어 | 57쪽 브란덴부르크 문_Thomas Wolf·위키미디어 | 58쪽 아돌프 히틀러_게티이미지뱅크 | 62쪽 독일의 실험용 원자로_위키미디어 | 65쪽 아인슈타인의 편지_위키미디어 | 66쪽 1945년 맨해튼 프로젝트 참여했던 클래디스 오웬스_위키미디어 | 68쪽 트리니티 테스트 당시 모습_위키미디어 | 70쪽 실험 후 현장을 보는 오펜하이머와 그로브스_위키미디어 | 72쪽 하와이 오아후섬_게티이미지뱅크 | 73쪽 하와이 오아후섬_게티이미지뱅크 | 79쪽 가미카제 특공대원들_위키미디어 | 80쪽 에놀라 게이호에서 본 원자 폭탄의 버섯구름_위키미디어 | 81쪽 원자 폭탄 투하 전후 히로시마 모습_위키미디어 | 86쪽 베를린 체크포인트 찰리_Orderinchaos·위키미디어 | 87쪽 베를린 장벽_dronepicr·위키미디어 | 97쪽 서베를린에 물자를 떨어뜨리는 수송기_위키미디어 | 98쪽 6·25 전쟁 휴전 협정 모습_위키미디어 | 100쪽 쿠바 혁명 광장_Mark Scott Johnson·위키미디어 | 101쪽 체 게바라와 피델 카스트로_위키미디어 | 104쪽 수소 폭탄 실험을 했던 섬을 찍은 위성 사진_위키미디어 | 105쪽 스푸트니크 1호 복제품_Andrew Butko·위키미디어 | 108쪽 존.F 케네디와 니키타 흐루쇼프_위키미디어 | 110쪽 쿠바 중거리 미사일 발사대 사진_위키미디어 | 114쪽 부분적 핵 실험 금지 조약에 서명하는 케네디_위키미디어 | 119쪽 이탈리아 에트나산_Pequod76·위키미디어 | 120쪽 파리 강화 회의에 참석한 승전국 대표들_위키미디어 | 121쪽 카이로 회담_위키미디어 / 얄타 회담_미국 국립문서기록관리청 / 포츠담 회담_위키미디어 | 122쪽 아우슈비츠 강제 수용소_xiquinhosilva·위키미디어 | 123쪽 군함도_Koji 12·위키미디어 | 125쪽 아돌프 히틀러_위키미디어 | 126쪽 사라예보_게티이미지뱅크 | 127쪽 베를린_Kasa Fue·위키미디어 | 132쪽 스탈린_위키미디어 |
표지 오펜하이머_Oak Ridge·위키미디어

벌거벗은 세계사
❽ 지구를 뒤흔든 세계 대전과 냉전

기획 tvN 〈벌거벗은 세계사〉 제작진 | 글 김우람 | 그림 최호정 | 감수 류한수·서민교

1판 1쇄 발행 | 2024년 2월 14일
1판 4쇄 발행 | 2025년 8월 1일

펴낸이 | 김영곤
아동부문 프로젝트1팀장 | 이명선
기획개발 | 채현지 김현정 권정화 오지애 우경진 최지현
아동마케팅팀 | 남정현 나은경 한경화
영업팀 | 정지은 장철용 강경남 황성진 김도연 이민재
디자인 | 윤수경 **구성** | 김익선 **제작** | 이영민 권경민

펴낸곳 | (주)북이십일 아울북
등록번호 | 제406-2003-061호 **등록일자** | 2000년 5월 6일
주소 | 경기도 파주시 회동길 201(문발동) (우 10881)
전화 | 031-955-2145(기획개발), 031-955-2100(마케팅·영업·독자문의)
브랜드 사업 문의 | license21@book21.co.kr
팩시밀리 | 031-955-2177
홈페이지 | www.book21.com

ISBN | 978-89-509-0090-8
ISBN | 978-89-509-0082-3(세트)

Copyright©2024 Book21 아울북 · CJ ENM. ALL RIGHTS RESERVED.
이 책을 무단 복사·복제·전재하는 것은 저작권법에 저촉됩니다.

* 잘못 만들어진 책은 구입하신 서점에서 교환해 드립니다.
* 가격은 책 뒤표지에 있습니다.

⚠ **주의** 1. 책 모서리가 날카로워 다칠 수 있으니 사람을 향해 던지거나 떨어뜨리지 마십시오.
2. 보관 시 직사광선이나 습기 찬 곳을 피해 주십시오.

다양한 SNS 채널에서 아울북과 을파소의 더 많은 이야기를 만나세요.

인스타그램
@owlbook21

페이스북
@owlbook21

네이버카페
owlbook21

· 제조자명: (주)북이십일
· 주소 및 전화번호: 경기도 파주시 회동길 201(문발동)/031-955-2100
· 제조연월: 2025.8.1
· 제조국명: 대한민국
· 사용연령: 3세 이상 어린이 제품

• **일러두기** 이 책에 나오는 지명과 인명은 《표준국어대사전》을 따라 표기하였고,
규범 표기가 미확정일 경우 감수자의 자문을 거쳐 학계의 표기를 따랐습니다.

벌거벗은 한국사 퀴즈

비교하면 더 잘 보이는 역사!

세계 대전 시기, 우리나라에서는 어떤 일이 일어나고 있었을까요?
세계사와 비슷한 시대의 한국사 사건들을 퀴즈로 풀어 보며,
두 역사의 연결 고리를 찾아보세요!

다음 인물에 대한 설명으로 옳은 것은? [ ]

- 호: 한힌샘, 백천( )
- 생몰: 1876년~1914년
- 주요 활동: 독립신문 교보원 활동
  국문동식회 조직
  《국어문법》, 《말의 소리》 저술
- 서훈: 1980년 건국 훈장 대통령장

① 잡지 한글을 간행하였다.
② 한글 맞춤법 통일안을 제정하였다.
③ 가갸날을 제정하고 기념식을 거행했다.
④ 국문 연구소에서 한글 연구를 체계화하였다.

일제가 민족 말살 정책으로 펼친 것이 아닌 것은? [ ]

① 황국 신민 서사 암송　　② 창씨 개명
③ 헌병 경찰 제도　　　　　④ 조선어 과목 폐지